Behinderung der Betriebsratsarbeit

Einleitung

Der Wunsch der Belegschaft nach Mitbestimmung stößt oftmals auf erhebliche Ablehnung von Seiten des Arbeitgebers. Betriebsratswahlen werden teils aktiv be- und verhindert. In rund einem Drittel der Fälle, in denen der Arbeitgeber der erstmaligen Wahl eines Betriebsrats ablehnend gegenübersteht, findet eine Wahl am Ende nicht statt. Das wirtschafts- und sozialwissenschaftliche Institut (WSI) der Hans-Böckler-Stiftung berichtet, dass etwa jede sechste Neugründung eines Betriebsrats behindert wird.

Betriebsratsbehinderung beginnt mithin bei der Wahl und setzt sich oftmals in der späteren Zusammenarbeit fort. Dabei stehen Betriebsräte in einem permanenten Spannungsfeld zwischen den Erwartungen der Belegschaft, der Gewerkschaften und der Arbeitgeber.

Dabei darf man eines nicht aus den Augen verlieren: Wenn „Betriebsräte ihre Rechtsposition konsequent, extensiv und möglicherweise in Anlehnung an von Gewerkschaften entwickelten Vorstellungen wahrnehmen […], verstoßen sie weder gegen Verfassungsnormen, noch gegen Vorschriften des Betriebsverfassungsgesetzes“ (BVerfG 10.12.1985 – 1 BvR 1724/83).

Der Zusammenarbeit zwischen den Betriebsparteien (Arbeitgeber und Betriebsrat) liegt vielmehr der Grundsatz der vertrauensvollen Zusammenarbeit (vgl. § 2 Abs. 1 BetrVG) zugrunde. Arbeitgeber und Betriebsrat ist es demnach untersagt, bei der Wahrnehmung ihrer betriebsverfassungsrechtlichen Aufgaben und Befugnisse mutwillig oder gar rechtsmissbräuchlich zu handeln.

Oftmals ist für die Betriebsratsmitglieder gar nicht erkennbar, ob tatsächlich eine Behinderung besteht. Mit dieser Arbeitshilfe sollen Antworten geliefert und die rechtlichen Grundlagen leicht verständlich nähergebracht werden. Dabei werden die Antworten durch Formulierungsbeispiele und Praxistipps ergänzt, damit Betriebsräte ihre durch diese Arbeitshilfe erlangten Kenntnisse auch praktisch umsetzen können.

Zur besseren Lesbarkeit wurde im Folgenden auf Gendern verzichtet: Alle Formulierungen erfassen stets alle infrage kommenden Geschlechter.

Die Autorin

Irena Schauer

Fachanwältin für Arbeitsrecht, Fachanwältin für Sozialrecht, zertifizierte Mediatorin, zertifizierte betriebliche Gesundheitsmanagerin (TÜV Süd).

Die Autorin, seit über 20 Jahren ausschließlich auf dem Gebiet des Arbeits- und Sozialrechts und auf Arbeitnehmerseite tätig, hat sich nach langjähriger Tätigkeit (zunächst beim DGB Rechtsschutz, der Kanzlei Manske und zuletzt der Gewerkschaft ver.di) mit eigener Kanzlei in Nürnberg selbstständig gemacht. Sie ist u. a. ständige Einigungsstellenvorsitzende des Jobcenters Nürnberg und stellvertretendes Mitglied des Fachprüfungsausschusses „Fachanwalt für Sozialrecht“. Sie vertritt und berät Betriebsräte, Gewerkschaften und Arbeitnehmer im kollektiven und individuellen Arbeitsrecht. Als Referentin bei Seminaren für Betriebsräte im Arbeits- und Betriebsverfassungsrecht ist sie bundesweit für zahlreiche Bildungsinstitute tätig.

Inhaltsübersicht

Der Inhalt der 1. Auflage entspricht dem Inhalt der Online-Edition 37/2024

betriebsrat-plus.beck.de
vahlen.de

ISBN 978 3 8006 7684 2

Wilhelmstraße 9, 80801 München
info@vahlen.de
Druck und Bindung: Himmer GmbH
Steinerne Furt 95, 86167 Augsburg

Redaktion: Sandra Eden, Ass. jur., Verlag Franz Vahlen GmbH, München

Satz: Druckerei C.H.Beck, Nördlingen
Umschlag: Martina Busch, Grafikdesign, Homburg Saar

myclimate shape our future

vahlen.de/nachhaltig
produktsicherheit.vahlen.de

Gedruckt auf säurefreiem, alterungsbeständigem Papier
(hergestellt aus chlorfrei gebleichtem Zellstoff)

I. Rechtliche Grundlagen

Betriebsratsmitglieder führen ihr Amt als unentgeltliches Ehrenamt (§ 37 Abs. 1 BetrVG). Sie dürfen für die Wahrnehmung des Betriebsratsmandates keine zusätzliche Vergütung erhalten (§ 78 S. 2 BetrVG). Durch dieses sog. Ehrenamtsprinzip soll die Unabhängigkeit der Betriebsratsmitglieder und eine sachgerechte Wahrnehmung der Beteiligungsrechte nach dem BetrVG sichergestellt werden.

1. Was bedeutet das Begünstigungs- und Benachteiligungsverbot des § 78 BetrVG?

Das Begünstigungs- und Benachteiligungsverbot nach § 78 S. 2 BetrVG stellt sicher, dass Mitglieder des Betriebsrats oder anderer Arbeitnehmervertretungen bei der Ausübung ihrer Tätigkeit weder bevorzugt noch benachteiligt werden. Unter Benachteiligung und Begünstigung ist jede Schlechter- bzw. Besserstellung im Vergleich zu anderen Arbeitnehmern zu verstehen, die nicht aus sachlichen oder in der Person des Betroffenen liegenden Gründen, sondern gerade wegen ihrer Tätigkeit innerhalb der Betriebsverfassung erfolgt. Eine besondere Benachteiligungs- oder Begünstigungsabsicht ist nicht erforderlich; ausreichend ist, dass das Betriebsratsmitglied bei einem Vergleich objektiv schlechter- bzw. bessergestellt ist als ein Nichtmitglied. Der Zweck dieser Bestimmung ist, die Unabhängigkeit des Betriebsrats zu gewährleisten und eine unvoreingenommene Mandatsausübung sicherzustellen.

Das Begünstigungs- und Benachteiligungsverbot umfasst:

- **Begünstigungsverbote:** Betriebsratsmitglieder dürfen keine Vorteile erhalten, die sie in eine bessere Position bringen als andere Arbeitnehmer, nur weil sie Betriebsratsmitglieder sind. Eine unzulässige Begünstigung könnte beispielsweise dann vorliegen, wenn der Arbeitgeber dem Betriebsrat ein Budget zur Verfügung stellt, über dessen Verwendung er keinerlei Rechenschaft verlangt und das keinen Bezug zu den tatsächlichen Aufwendungen des Betriebsrats hat.
- **Benachteiligungsverbote:** Betriebsratsmitglieder dürfen auch nicht schlechter gestellt werden, weil sie Mitglieder des Betriebsrats sind oder die Rechte des Betriebsrats aus dem BetrVG durchsetzen. Das Benachteiligungsverbot gilt ausdrücklich für die berufliche Entwicklung und das Entgelt (sogenannte Arbeitsentgeltsicherung gem. § 37 Abs. 4 BetrVG) sowie den sog. Tätigkeitsschutz gem. § 37 Abs. 5 BetrVG.

Beispiel

Weitere Beispiele für unzulässige Benachteiligungen:

- *Ablehnung der Tragung von Rechtsanwaltskosten im erfolgreichen Beschwerdeverfahren nach § 103 Abs. 2 (→ Frage 52: Wann darf gegen den Arbeitgeber ein Strafantrag nach § 119 Abs. 2 BetrVG gestellt werden?).*
- *Kontrolle der Telefondaten nur des Betriebsratsvorsitzenden ohne besonderen Anlass und außerhalb einer allgemeinen Stichproben-Regelung (→ Frage 39: Darf der Arbeitgeber einzelne Betriebsräte überwachen, zB durch Detektive?)*
- *Verlust des Firmenwagens, obwohl der Firmenwagen auch zur privaten Nutzung überlassen war.*

2. Was versteht man unter Behinderung des Betriebsrats?

Unter Behinderung des Betriebsrats versteht man nach § 78 S. 1 BetrVG jede Handlung (oder jedes Unterlassen) des Arbeitgebers oder anderer Personen, die den Betriebsrat daran hindert, seine gesetzlichen Pflichten und Rechte wahrzunehmen. Dies kann beispielsweise beinhalten:

- Das Verwehren des Zugangs zu erforderlichen Informationen oder Unterlagen.
- Die Verweigerung von notwendigem Arbeitsmaterial oder Räumen zur Ausübung der Betriebsratsarbeit.

- Drohungen, Einschüchterungen oder andere Maßnahmen, die darauf abzielen, die Betriebsratsmitglieder in ihrer Arbeit zu beeinträchtigen oder zu verhindern.

Sowohl die vorschriftsmäßige Tätigkeit des Betriebsrats als Gremium als auch seiner einzelnen Mitglieder soll durch § 78 S. 1 BetrVG geschützt werden, wobei eine Behinderung bei jeder objektiven Störung, Erschwerung oder Verhinderung der Betriebsratstätigkeit vorliegt. Das Verbot richtet sich gegen Jedermann – also nicht nur gegen den Arbeitgeber, sondern auch gegen außerbetriebliche Stellen und Arbeitnehmer.

Beispiel

Weitere Beispiele für derartige Behinderungen:

- *Anlasslose Überwachung eines Betriebsratsmitglieds durch Detektiv (LAG RhPf 27.4.2017 – 5 Sa 449/16) (→ Frage 39: Darf der Arbeitgeber einzelne Betriebsräte überwachen, zB durch Detektive?).*
- *Verweigerung der erforderlichen Sach- und Personalmittel (§ 40 BetrVG) (→ Frage 24: Darf der Arbeitgeber dem Betriebsrat die nötigen Arbeitsmittel verweigern?).*
- *Verbot der Abhaltung von Betriebsversammlungen oder der Teilnahme an ihnen (ArbG Frankfurt 2.3.1988 – 14 BV 16/87); Empfehlung zur Nichtteilnahme an Betriebsversammlungen (OLG Stuttgart 9.9.1988 – 1 Ws 237/88) oder Gewährung einer besonderen Vergütung bei Nichtteilnahme; Verhinderung von Betriebsratssitzungen (→ Frage 25: Kann der Arbeitgeber ein Betriebsratsmitglied daran hindern, an einer erforderlichen Betriebsratsschulung teilzunehmen?; → Frage 27: Kann der Arbeitgeber verhindern, dass eine Betriebsratssitzung stattfindet?; → Frage 28: Darf der Arbeitgeber einzelne Betriebsratsmitglieder von der Teilnahme an einer Betriebsratssitzung abhalten?; → Frage 36: Darf der Arbeitgeber „arbeitgeberfreundlichen" Betriebsräten „Vergünstigungen" anbieten?).*
- *Diskreditierende Äußerungen, wie zB der Betriebsrat handele grob fahrlässig und geschäftsschädigend, er habe sich auf Kosten des Arbeitgebers und der Arbeitnehmer externe Berater erkauft, sind nicht durch die Meinungsfreiheit in Art. 5 Abs. 1 S. 1 GG gedeckt (LAG Nds – 1 TaBV 64/03) (→ Frage 34: Darf sich der Arbeitgeber negativ über den Betriebsrat oder einzelne Mitglieder äußern?).*
- *Auch die Unterrichtung der Arbeitnehmer über die Kosten des Betriebsrats kann eine unzulässige Behinderung der Betriebsratsarbeit sein, wenn sie in einer Art und Weise erfolgt, die die Grundsätze der vertrauensvollen Zusammenarbeit missachtet bzw. die Betriebsratsmitglieder in einem unberechtigten negativen Licht erscheinen lässt und damit deren Amtsführung erschwert (BAG 12.11.1997 – 7 ABR 14/97; LAG Nds 6.4.2004 – 1 TaBV 64/03) (→ Frage 34: Darf sich der Arbeitgeber negativ über den Betriebsrat oder einzelne Mitglieder äußern?).*

Eine solche Störung kann unter Umständen sogar als Straftat bewertet und mit einer Geld- oder Freiheitsstrafe geahndet werden (§ 119 Abs. 1 Nr. 2 BetrVG).

3. Was ist eine versteckte Behinderung der Betriebsratsarbeit?

Eine versteckte Behinderung der Betriebsratsarbeit liegt vor, wenn die Beeinträchtigung nicht offen, sondern durch subtile oder indirekte Maßnahmen erfolgt. Solche Maßnahmen oder Unterlassungen haben scheinbar keinen Bezug zur Betriebsratsarbeit und erscheinen „neutral", beinträchtigen die Arbeit des Betriebsrats oder die seiner Mitglieder aber in nicht unerheblicher Weise. Dies kann zB durch systematisches Ignorieren von Anträgen und Forderungen des Betriebsrats geschehen, das Vorenthalten von wichtigen Informationen, die Umverteilung von Aufgaben (sodass Betriebsratsmitglieder ihre Betriebsratstätigkeiten nicht mehr ordnungsgemäß ausführen können) oder durch eine gezielte Isolation oder Diskriminierung von Betriebsratsmitgliedern innerhalb des Unternehmens.

Eine versteckte Behinderung der Betriebsratsarbeit liegt insbesondere vor bei

- Veränderungen im Arbeitsumfeld, die die persönliche Bewegungsfreiheit oder die Kommunikationsmöglichkeiten der Betriebsratsmitglieder beschränken.

- unauffälligen Veränderungen von Arbeitszuweisungen oder Arbeitszeiten, die die Arbeit des Betriebsrats behindern.
- Verweigerung oder unangemessener Verzögerung der Bereitstellung von Informationen, die für die Betriebsratsarbeit essenziell sind.

4. Welche verschiedenen Arten von Behinderung gibt es?

Es kann zwischen mehreren Arten der Behinderung des Betriebsrats unterschieden werden, darunter:

Offene Behinderung: Offensichtliche und unverhohlene Maßnahmen des Arbeitgebers oder Dritter, die darauf abzielen, die Betriebsratsarbeit zu behindern.

Beispiel

- *Abmahnung oder Kündigung wegen Betriebsratstätigkeit (vgl. LAG Hamm 10.6.1994 – 3 TaBV 57/90)*
- *Direkte Verweigerung notwendiger Arbeitsmittel*
- *Versetzung auf einen geringer zu entlohnenden Arbeitsplatz (vgl. BAG 9.6.1982 – 4 AZR 766/79)*
- *Zuweisung eines räumlich ungünstigeren Büros aus Anlass der Betriebsratswahl (vgl. LAG Köln 26.7.2010 – 5 SaGa 10/10)*

Versteckte Behinderung: Subtile und indirekte Maßnahmen, die darauf abzielen, die Effizienz oder Arbeitsfähigkeit des Betriebsrats zu verringern.

Beispiel

- *Systematisches Vorenthalten von Informationen*
- *Umgehen des Betriebsrats bei wichtigen Entscheidungen*
- *Nicht erfolgende Entlastung von geschuldeter Arbeitsleistung, um das Betriebsratsmitglied tatsächlich in die Lage zu versetzen, ihre Betriebsratsaufgaben nicht während der Arbeitszeit und nicht ohne Überlastung wahrzunehmen zu können*

Physische Behinderung: Direkte körperliche Maßnahmen, die die Ausübung der Betriebsratstätigkeit verhindern.

Beispiel

- *Verhindern des Zugangs zu Betriebsratsräumen*
- *Entfernung von Betriebsratsmaterialien*

Psychische Behinderung: Maßnahmen, die auf die psychische Einschüchterung oder Störung von Betriebsratsmitgliedern abzielen.

Beispiel

- *Mobbing und Schikanen*
- *Erzeugung eines feindlichen Arbeitsumfelds*

Juristische Behinderung: Rechtswidrige oder missbräuchliche Anwendung rechtlicher Mittel gegen den Betriebsrat.

Beispiel

- *unberechtigte Anfechtungen von Betriebsratswahlen*
- *Ablehnen der Hinzuziehung eines Rechtsanwaltes*

Ein Verstoß gegen § 78 BetrVG kann gemäß § 823 Abs. 2 BGB zu einer Schadensersatzpflicht des Arbeitgebers führen. Rechtsgeschäftliche Handlungen, die gegen § 78 BetrVG verstoßen, sind zudem gem. § 134 BGB nichtig. Weiter können auch § 23 Abs. 3 BetrVG sowie § 119 BetrVG tangiert sein.

Durch das Erkennen und Benennen dieser unterschiedlichen Arten der Behinderung von Betriebsratsarbeit können Betriebsräte effektiver gegen diese vorgehen und sich rechtlich schützen.

In den folgenden Kapiteln werden die einzelnen Behinderungsformen noch detailliert beleuchtet und mit Beispielen aus der Praxis untermauert.

II. Beeinflussung und Behinderung im Rahmen der Betriebsratswahl

Es ist verboten, Betriebsratswahlen zu beeinflussen (vgl. § 20 Abs. 1, 2 BetrVG). Niemand darf die Wahl durch Zufügung oder Androhung von Nachteilen oder durch Gewährung oder Versprechen von Vorteilen beeinflussen (§ 20 Abs. 2 BetrVG). „Wahl" bedeutet hierbei nicht nur die eigentliche Ausübung des aktiven oder passiven Wahlrechts. Der Begriff der Wahl ist vielmehr im weitesten Sinne zu verstehen und umfasst alle mit der Wahl zusammenhängenden oder ihr dienenden Handlungen und Betätigungen, zB die Betätigung im Wahlvorstand oder als Wahlhelfer sowie die Einberufung und Durchführung der Wahlversammlungen zur Wahl des Wahlvorstandes.

Der Arbeitgeber hat sich dabei neutral zu verhalten. Er darf die an der Wahl beteiligten Gruppen nicht unterschiedlich behandeln. Gleiches gilt für den Fall der Zulassung von Wahlwerbung im Intranet. Er muss sich seinerseits einer Wahlwerbung zugunsten bestimmter Kandidaten oder Listen enthalten, da die Wahl des Betriebsrats allein Sache der Arbeitnehmer des Betriebs ist. Eine unzulässige Wahlwerbung des Arbeitgebers zugunsten einer bestimmten Gruppe liegt beispielsweise vor, wenn der Arbeitgeber die Wahlwerbung dieser Gruppe finanziell unterstützt.

Zum Wahlschutz gehört auch der Entgeltschutz: Das notwendige Versäumnis von Arbeitszeit durch die Wahlvorstandsmitglieder zur Vorbereitung der Wahl, aber auch der Arbeitnehmer zur Teilnahme an der Wahl darf nicht zur Minderung des Entgelts führen (§ 20 Abs. 3 S. 2 BetrVG).

Das Erreichen einer rechtssicheren und fairen Wahl ist entscheidend für die Vertretung der Arbeitnehmerinteressen. Nach § 119 Abs. 1 Nr. 1 BetrVG ist die Behinderung der Betriebsratswahl durch den Arbeitgeber strafbar und kann mit Freiheitsstrafe bis zu einem Jahr oder mit Geldstrafe bestraft werden.

5. Wie können sich Kandidaten für den Wahlvorstand gegen Einschüchterungsversuche des Arbeitgebers schützen?

Schon aus § 20 Abs. 1 BetrVG folgt das sog. "**Wahlbehinderungsverbot**". Der Schutz des § 20 Abs. 1, 2 BetrVG bezieht sich auf die Wahl des Betriebsrats.

Bewerber für das Amt des Wahlvorstandes genießen allein aufgrund ihrer Kandidatur keinen besonderen Kündigungsschutz nach § 15 Abs. 3 KSchG, § 103 BetrVG. Sie sind keine Wahlbewerber im Sinne dieser Vorschrift. Sie dürfen jedoch vom Zeitpunkt ihrer Bestellung an bis zur Bekanntgabe des Wahlergebnisses nicht ordentlich gekündigt werden. Eine außerordentliche Kündigung ist nur nach Zustimmung durch den Betriebsrat (oder der rechtskräftigen Ersetzung der Zustimmungsverweigerung durch ein Arbeitsgericht) möglich. Nachwirkend sind Wahlvorstandsmitglieder für sechs Monate nach Bekanntgabe des Wahlergebnisses vor einer ordentlichen Kündigung geschützt (§ 15 Abs. 3 KSchG).

Wird eine Kündigung mit dem Ziel ausgesprochen, den Arbeitnehmer an der Ausübung seines Wahlrechts (im weitesten Sinne) zu hindern, so verstößt diese Kündigung gegen das gesetzliche Verbot des Abs. 1 S. 1 und ist deshalb gem. § 134 BGB nichtig.

Praxistipp

*Kandidaten für den Wahlvorstand können sich gegen **Einschüchterungsversuche** des Arbeitgebers auf mehrere Weisen schützen:*

- *Kontaktaufnahme zur im Betrieb vertretenen Gewerkschaft: Die Gewerkschaft kann, sofern der Arbeitgeber die Arbeit des Wahlvorstandes durch nicht erfolgte Information oder Benachteiligung der Mitglieder des Wahlvorstandes behindert, einen Strafantrag gem. § 119 Abs. 1 Nr. 1, Abs. 2 BetrVG stellen. Gleichzeitig kann die Gewerkschaft durch Vermittlung von Wissen über den Wahlablauf und Informationen Unsicherheiten des Wahlvorstandes beseitigen.*

- *Abwehr unzulässiger Wahlbeeinträchtigung durch einstweilige Verfügung: Die Abwehr unzulässiger Wahlbeeinträchtigung kann im arbeitsgerichtlichen Beschlussverfahren insbesondere durch Erwirkung einer einstweiligen Verfügung des Arbeitsgerichts schon während des Wahlverfahrens erreicht werden (vgl. §§ 2a, 85 Abs. 2 ArbGG; ArbG Regensburg 6.6.2002 – 6 BVGa 6/02).*

Hinzu kommt ein verbesserter Schutz von sog. „**Vorfeldinitiatoren oder Wahlagierenden**" (§ 15 Abs. 3b KSchG): Sofern ein Arbeitgeber die Betriebsratswahl verhindern möchte, gab es bisher ein Einfallstor. So begann der Kündigungsschutz für die Arbeitnehmer, die erstmals einen Betriebsrat gründen wollten, erst mit der Einladung zur Wahlversammlung und umfasste nur die ersten drei in der Einladung genannten Arbeitnehmer. In der Praxis stellten die drei Einladenden häufig auch den aus drei Personen bestehenden Wahlvorstand. Fiel aber eine der drei Personen etwa wegen Krankheit aus oder wurde eingeschüchtert, bestand die Gefahr, dass die Betriebsratswahl zunächst nicht erfolgreich durchgeführt werden konnte, da nicht die erforderliche Anzahl an Wahlvorstandsmitgliedern vorhanden war. Deshalb wurde die Zahl der geschützten Einladenden auf sechs erhöht. Als zeitliches Problem hat sich beim Kündigungsschutz herausgestellt, dass die Arbeitnehmer in der Regel schon deutlich vor der Einladung zur Wahlversammlung mit Vorbereitungshandlungen für die Betriebsratswahl beginnen. Werden diese Vorbereitungshandlungen bekannt, so können die Vorfeldinitiatoren Ziel von Behinderungsmaßnahmen werden.

Seit dem Betriebsrätemodernisierungsgesetz haben Vorfeldinitiatoren einen speziellen befristeten Kündigungsschutz vor personen- und verhaltensbedingten ordentlichen Kündigungen, wenn sie eine öffentlich beglaubigte Erklärung abgegeben, dass sie einen Betriebsrat gründen möchten und hierzu auch bereits entsprechende Vorbereitungshandlungen unternommen haben. Der Kündigungsschutz gilt von der Abgabe der Erklärung bis zum Zeitpunkt der Einladung zu einer Betriebsversammlung, um den Wahlvorstand zu wählen.

→ *Muster 1: Übersicht Kündigungsschutz von Wahlvorstand, Wahlbewerbern und Betriebsratsmitgliedern*

6. Kann der Arbeitgeber die Einberufung/Durchführung einer Betriebsversammlung zur Einsetzung eines Wahlvorstandes verhindern?

Nein, der Arbeitgeber kann die Einberufung oder Durchführung einer Wahlversammlung nicht verhindern. Besteht in einem Betrieb weder ein Gesamtbetriebsrat noch ein Konzernbetriebsrat, so wird in einer Betriebsversammlung von der Mehrheit der anwesenden Arbeitnehmer ein Wahlvorstand gewählt (§ 17 Abs. 2 BetrVG). Zu dieser Betriebsversammlung können drei wahlberechtigte Arbeitnehmer des Betriebes oder eine im Betrieb vertretene Gewerkschaft zu einer Betriebsversammlung zur Einsetzung eines Wahlvorstandes (Wahlversammlung) einladen (§ 17 Abs. 3 BetrVG). Der Arbeitgeber hat zu dieser Wahlversammlung keinen Zutritt. Ein Arbeitgeber, der dies zu verhindern versucht, macht sich wegen der Behinderung von Betriebsratswahlen nach § 119 Abs. 1 Nr. 1 BetrVG strafbar.

7. Wie können sich Kandidaten für den Betriebsrat gegen Repressalien des Arbeitgebers schützen?

Um eine faire Wahl zu gewährleisten, ist gesetzlich ein umfangreicher Schutz verankert: Initiatoren einer Betriebsratsgründung, Wahlvorstände und Kandidaten für ein Betriebsratsmandat genießen besonderen Kündigungsschutz (§ 15 KSchG, § 103 BetrVG). Wahlbewerber dürfen vom Zeitpunkt der Aufstellung des Wahlvorschlags bis zur Bekanntgabe des Wahlergebnisses nicht ordentlich gekündigt werden. Eine außerordentliche Kündigung ist nur nach Zustimmung durch den Betriebsrat oder der rechtskräftigen Ersetzung der Zustimmungsverweigerung durch ein Arbeitsgericht möglich. Nachwirkend sind Wahlvorstandsmitglieder für sechs Monate nach Bekanntgabe des Wahlergebnisses vor einer ordentlichen Kündigung geschützt (§ 15 Abs. 3 KSchG).

Praxistipp

Bei einer Androhung einer Abmahnung oder dem Ausspruch einer fristlosen Kündigung sollte der Mitarbeiter sofort einen Rechtsanwalt aufsuchen. Gegen eine Abmahnung kann man eine Gegendarstellung gem. § 83 BetrVG verfassen, um den Sachverhalt richtig darzustellen und sich auch mit Blick auf einen Kündigungsschutzprozess abzusichern. Abmahnungen, die nur zur Einschüchterung des Mitarbeiters und damit auch zur Verhinderung der Wahl ausgesprochen werden, stellen eine verbotene Wahlbeeinflussung durch Zufügung von Nachteilen dar (Fitting BetrVG § 20 Rn. 21).

Eine Kündigungsschutzklage muss innerhalb von drei Wochen erhoben werden (§ 4 KSchG). Sollten Sie keine Rechtsschutzversicherung haben, können Sie eine Kündigungsschutzklage auch über die Rechtsantragsstelle bei den Arbeitsgerichten einreichen. Gewerkschaften können ebenfalls rechtliche Unterstützung und Vertretung anbieten, nicht nur hinsichtlich arbeitsrechtlicher Angelegenheiten, sondern auch bei der Frage, ob ein Strafantrag wegen Behinderung der Betriebsratswahl gestellt werden soll.

8. Kann der Arbeitgeber auf die Zusammensetzung der Wahllisten Einfluss nehmen?

Nein, der Arbeitgeber hat keinen Einfluss auf die Zusammensetzung der Wahllisten. Dies würde einen Verstoß gegen das Neutralitätsgebot darstellen. Es ist allein Sache der wahlberechtigten Arbeitnehmer und der möglichen unterstützenden Gewerkschaften, welche Kandidaten sie aufstellen.

9. Kann der Arbeitgeber eigene Listen mit ihm passenden Kandidaten zur Betriebsratswahl einreichen?

Nein. Oftmals werden vom Arbeitgeber zwar Wahllisten unterstützt, die der Unternehmensleitung zugeneigt sind. Damit soll eine für den Arbeitgeber nachteilige Betriebsratsarbeit unterbunden werden. Ziel dieser Listen ist eine Schwächung bis hin zur Lähmung der Mitbestimmung. Der Arbeitgeber kann jedoch selbst keine Wahllisten für die Betriebsratswahl einreichen. Auch die leitenden Angestellten stehen im „Lager des Arbeitgebers". Sammelt daher der Justiziar des Arbeitgebers, der gleichzeitig auch leitender Angestellter ist, Stützunterschriften für eine Vorschlagsliste zur Betriebsratswahl, um eine konkurrierende Liste zu erreichen, ist dies eine unzulässige Wahlbeeinflussung, die aktiv auf die Zusammensetzung des Betriebsrats abzielt (LAG Hamburg 12.3.1998 – 2 TaBV 2/98).

Nur die Arbeitnehmer des Betriebes oder die durch sie bevollmächtigten Gewerkschaften sind berechtigt, Wahllisten aufzustellen. Jede Form der Einmischung des Arbeitgebers in diesen Prozess kann als unzulässige Beeinflussung angesehen und rechtlich verfolgt werden.

10. Kann der Arbeitgeber die Einberufung/Durchführung einer Betriebsratswahl verhindern?

Nein. Der Arbeitgeber kann die Einberufung oder Durchführung einer Betriebsratswahl nicht rechtmäßig verhindern. Versucht der Arbeitgeber dies dennoch, handelt es sich um eine Behinderung der Betriebsratswahl nach § 20 BetrVG, was strafrechtliche Konsequenzen nach sich ziehen kann. Arbeitnehmer sollten solche Versuche unverzüglich dokumentieren und sich rechtlichen Beistand einholen.

11. Darf der Arbeitgeber die Möglichkeiten, an der Betriebsratswahl teilzunehmen, einschränken?

Nein. Der Arbeitgeber darf die Möglichkeiten zur Teilnahme an der Betriebsratswahl nicht einschränken. § 20 Abs. 1 S. 1 BetrVG verbietet jede Behinderung der Wahl, gleichgültig in welcher Weise sie geschieht. Eine Behinderung der Wahl iSv § 20 Abs. 1 S. 1 BetrVG liegt vor, wenn ein Wähler, Wahlkandidat oder sonstiger an der Wahl Beteiligter, insbesondere auch der Wahlvorstand oder der Vermittler nach § 18a Abs. 2 BetrVG, in der Ausübung seiner Rechte, Befugnisse oder Aufgaben beeinträchtigt oder beschränkt wird (LAG MV 30.1.2017 – 3 TaBVGa 1/17). Es dürfen also keinerlei Maßnahmen oder Handlungen erfolgen, durch die der ungestörte Ablauf der Wahl beeinträchtigt wird.

Der Arbeitgeber muss insbesondere Adressen der Arbeitnehmer für die Briefwahl korrekt zur Verfügung stellen und darf nicht absichtlich hinderliche Maßnahmen ergreifen. Der Wahlvorstand hat das Recht, die erforderlichen Informationen vom Arbeitgeber zu verlangen (§ 2 WO). Die Nichtbereitstellung der Adressen kann als Behinderung der Wahl iSd § 20 BetrVG gewertet werden.

Beispiel

Weitere Beispiele für eine ***unzulässige Einschränkung*** *der Teilnahme an der Wahl:*

- *Das Verbot der Teilnahme an der Wahlversammlung oder der Betriebsversammlung zur Wahl des Wahlvorstandes (§ 14a Abs. 1, § 17 Abs. 2 BetrVG).*
- *Dem Arbeitgeber ist jegliche Wahlwerbung und Propaganda untersagt, da die Bildung und Zusammensetzung des Betriebsrats ausschließlich eine Angelegenheit der Arbeitnehmer ist und er sich als Gegenspieler des Betriebsrats jeglichen Einflusses auf dessen Zusammensetzung zu enthalten hat. Dabei ist die Grenze im Bereich der hochsensiblen Betriebsratswahlen bereits dann erreicht, wenn sie geeignet ist, das Wahlergebnis durch unzulässigen Druck zu beeinflussen.*
- *Rechtsgeschäftliche Maßnahmen gegenüber Arbeitnehmern, um die Wahl zu behindern oder zu beeinflussen, sind nichtig, da § 20 Abs. 1, 2 BetrVG ein gesetzliches Verbot iSv § 134 BGB enthält. Das gilt insbesondere für Kündigungen, die diesem Ziel dienen (vgl. BAG 13.10.1977 – 2 AZR 387/76).*

Beispiel

Beispiele für ***zulässiges Verhalten*** *des Arbeitgebers während der Wahl:*

- *Bloße Unterrichtung über gesetzliche Wahlvorschriften (LAG Hamm 17.2.1982 – 3 TaBV 115/81).*
- *Außerordentliche Kündigung eines Wahlkandidaten, der bei der Werbung für seine Wahl die Ehre anderer schwerwiegend verletzt und dabei mit parteipolitischer und verfassungsfeindlicher Zielsetzung agiert (BAG 13.10.1977 – 2 AZR 387/76; BAG 15.12.1977 – 3 AZR 184/76).*

12. Wie kann man verhindern, dass Arbeitnehmer von der Teilnahme an der Wahl abgehalten werden?

Zur Verhinderung des Abhaltens von der Wahlteilnahme ist Folgendes ratsam:

- Informieren der Arbeitnehmer über den Wahlprozess und ihre Rechte, zB durch Versammlungen oder Informationsblätter.
- Sicherstellung, dass alle Arbeitnehmer Zugang zur Wahl haben und informiert sind.
- Einbindung von Gewerkschaften, die Unterstützung und Beratung bieten können.
- Rechtzeitige Information des Betriebsrats.
- Gezielte rechtliche Maßnahmen gegen Behinderungsversuche des Arbeitgebers.
- Verschriftlichung der Verstöße im Vorfeld und Aufforderung an den Arbeitgeber, diese zu unterlassen. Hier ist die Hinzuziehung eines Anwalts dringend zu empfehlen.
- Am Tag der Wahl hat der Wahlvorstand in den Wahlräumen das Hausrecht. Der Arbeitgeber hat sich fernzuhalten, um die Wahl nicht zu stören. Weigert sich der Arbeitgeber hartnäckig, kann die Polizei zur Durchsetzung des Hausrechts involviert werden.

13. Wie sind die Ersatzmitglieder des Betriebsrats nach der Wahl geschützt?

In den ersten sechs Monaten nach Bekanntgabe des Wahlergebnisses sind Ersatzmitglieder gegen ordentliche Kündigungen unter dem Gesichtspunkt des nachwirkenden Kündigungsschutzes der Wahlbewerber gem. § 15 Abs. 3 S. 2 KSchG geschützt. Ferner kann sich ein Kündigungsschutz für Ersatzmitglieder auch vor Eintritt in den Betriebsrat aus der Schutzvorschrift des § 78 BetrVG ergeben, der jede Benachteiligung auch eines Ersatzmitgliedes wegen seiner (zu erwartenden) Tätigkeit untersagt. Eine Kündigung mit dem Ziel, das Eintreten eines Ersatzmitgliedes in den Betriebsrat zu verhindern, wäre als Verstoß gegen § 78 BetrVG iVm § 134 BGB nichtig. Darüber hinaus greift der Kündigungsschutz nach § 15 KSchG und § 103 BetrVG zugunsten eines Ersatzmitgliedes vor Eintritt in den Betriebsrat dann ein, wenn zwar der Verhinderungsfall noch nicht vorliegt, das Ersatzmitglied sich jedoch auf eine Betriebsratssitzung, an der es wegen eines Verhinderungsfalles teilnehmen muss, vorbereitet. In diesem Falle genießt das Ersatzmitglied ab dem Tag der Ladung zur Sitzung, im Allgemeinen jedoch höchstens für eine Zeit von drei Tagen vor der Sitzung, den einem ordentlichen Betriebsratsmitglied zustehenden Kündigungsschutz.

Ersatzmitglieder des Betriebsrats genießen den besonderen Kündigungsschutz nach § 15 KSchG, wenn sie nachgerückt sind und ihre Aufgaben wahrgenommen haben. Sie stehen für die Dauer ihrer Ersatzfunktion unter dem gleichen besonderen Kündigungsschutz wie ordentliche Betriebsratsmitglieder.

III. Inhaltliche Behinderung der Betriebsratsarbeit

Die allgemeinen Grundsätze der Zusammenarbeit zwischen Betriebsrat und Arbeitgeber sind in § 2 BetrVG geregelt. Ziel ist eine offene und ehrliche Zusammenarbeit zum Wohle der Arbeitnehmer und des Betriebes. Das Gesetz geht dabei von einem Kooperationsmodell und nicht von einem Konfrontationsmodell (BeckOK ArbR/Besgen BetrVG § 2 Rn. 5–11) aus.

§ 2 BetrVG verlangt daher:

- Vertrauensvolle Zusammenarbeit.
- Beachtung der geltenden Tarifverträge.
- Zusammenwirken mit Arbeitgebervereinigungen und Gewerkschaften.
- Interessengegensätze sollen nicht verdeckt werden, die Wahrnehmung gegensätzlicher Interessen nicht ausgeschlossen sein. Es besteht die Pflicht zur gegenseitigen Rücksichtnahme und Loyalität.

Ein Verstoß gegen das Gebot der vertrauensvollen Zusammenarbeit liegt zB dann vor, wenn der Arbeitgeber die Kosten der Betriebsratsarbeit veröffentlicht (BAG 15.7.1995- 7 ABR 14/97).

Zu den vertrauensbildenden Verhaltenspflichten des Arbeitgebers gehört es vor allem, den Betriebsrat rechtzeitig und umfassend zu unterrichten (§ 80 Abs. 2 BetrVG), da ohne Informationen eine befriedigende Zusammenarbeit ausgeschlossen ist. Der Betriebsrat ist mindestens dahingehend zu unterrichten, dass er in die Lage versetzt wird, in eigener Verantwortung zu prüfen, ob sich Aufgaben im Sinne des BetrVG ergeben und ob er zur Wahrnehmung dieser Aufgaben tätig werden muss. Der Informationsanspruch entsteht nicht erst dann und nicht nur insoweit, als Beteiligungsrechte aktuell sind. Es genügt, dass eine gewisse Wahrscheinlichkeit besteht, dass sich Aufgaben für den Betriebsrat ergeben (BAG v. 26.1.1988- 1 ABR 34/86).

14. Welche Informationen/Unterlagen darf der Arbeitgeber dem Betriebsrat keinesfalls vorenthalten?

Grundsätzlich gilt: eine Wahrnehmung der Aufgaben des Betriebsrats ist nur nach entsprechender Information möglich. Deshalb steht dem Betriebsrat auch immer dann ein Informationsrecht zu, wenn er eine Aufgabe im Sinne des BetrVG wahrnimmt.

Während § 80 Abs. 1 BetrVG in den Nummern 1 bis 9 die allgemeinen Aufgaben des Betriebsrats bestimmt, regelt § 80 Abs. 2 BetrVG die Informationspflicht des Arbeitgebers und das Informationsrecht des Betriebsrats hinsichtlich dieser Aufgaben. Allerdings ist die Pflicht, den Betriebsrat zu informieren, nicht auf die Fälle des § 80 Abs. 1 BetrVG beschränkt. Es handelt sich vielmehr um eine Pflicht des Arbeitgebers, die sich auf alle Fälle der Mitbestimmung bzw. Beteiligung des Betriebsrats erstreckt.

Der Arbeitgeber darf dem Betriebsrat deshalb keine Informationen oder Unterlagen vorenthalten, die dieser zur Durchführung seiner gesetzlichen Aufgaben benötigt.

Hierzu zählen insbesondere:

- Informationen über die wirtschaftliche Lage und Entwicklung des Unternehmens (§ 74 Abs. 1 BetrVG)
- Informationen über personelle Einzelmaßnahmen wie Einstellungen, Versetzungen und Kündigungen (§ 99 BetrVG)
- Informationen über geplante Betriebsänderungen wie Massenentlassungen oder Betriebsschließungen (§ 111 BetrVG)
- Informationen zur Arbeitssicherheit und zum Gesundheitsschutz (§ 89 BetrVG)
- Informationen zu wirtschaftlichen Angelegenheiten (§ 106 Abs. 3 BetrVG)
- Ermöglichung der Einsichtnahme in die Bruttolohnlisten (§ 80 Abs. 2 S. 2 BetrVG)

15. Wie kurzfristig darf der Arbeitgeber mitstimmungspflichtige Entscheidungen treffen?

Mitbestimmungspflichtige Entscheidungen dürfen nicht ohne die Beteiligung des Betriebsrats getroffen werden. Unterliegt die Maßnahme des Arbeitgebers der erzwingbaren Mitbestimmung des Betriebsrats, muss dieser den individualrechtlichen Maßnahmen des Arbeitgebers vorher zugestimmt haben, ansonsten sind sie dem Arbeitnehmer gegenüber unwirksam (sog. Theorie der Wirksamkeitsvoraussetzungen). Dies gilt grds. auch in **Eilfällen** (BAG 9.7.2013 – 1 ABR 19/12). Unter Eilfällen sind Situationen zu verstehen, in denen eine Regelung möglichst umgehend erfolgen muss, der Betriebsrat aber noch nicht zugestimmt hat (zB Anordnung von Überstunden wegen eines eilig zu erledigenden Auftrags).

Notfälle liegen dagegen vor in plötzlich auftretenden, nicht vorhersehbaren und schwerwiegenden Situationen, etwa bei drohendem Eintritt erheblicher Schäden für Arbeitnehmer, den Betrieb oder Dritte (zB im Rahmen der Patientenversorgung). Nur in Notfällen kann der Arbeitgeber mitbestimmungsfrei einseitige Anordnungen erlassen. Als Notfall sind aber nicht die Situationen einzustufen, die typischerweise kurzfristig eintreten oder auf einer erkennbar unzureichenden Personalsituation beruhen (LAG Nds 3.7.2017 – 8 TaBV 42/16).

Praxistipp

Äußert sich der Betriebsrat nicht zu einer beantragten Maßnahme, liegt darin noch keine Zustimmung.

Dem Betriebsrat steht bei Verletzung seiner Mitbestimmungsrechte aus § 87 BetrVG ein Anspruch auf Unterlassung der mitbestimmungswidrigen Maßnahme zu (BAG 3.5.1994 - 1 ABR 24/93).

16. Wie lange im Voraus muss der Arbeitgeber dem Betriebsrat wichtige Informationen zugänglich machen?

Hierzu gibt es keine festgelegte Frist im Betriebsverfassungsgesetz. Der Arbeitgeber muss den Betriebsrat aber immer so frühzeitig informieren, dass dieser die Zeit hat, sich mit den Informationen auseinanderzusetzen und seine Rechte und Pflichten wahrnehmen zu können. Es muss dem Betriebsrat möglich sein, sich mit der betreffenden Angelegenheit zu befassen. Dies beinhaltet ausreichende Zeit für Beratung und Beschlussfassung im Gremium. Die Informationen des Arbeitgebers sollen den Betriebsrat in die Lage versetzen, in eigener Verantwortung zu prüfen, ob sich für ihn aufgrund eines betrieblichen Geschehens Aufgaben ergeben und ob er zur Wahrnehmung dieser Aufgaben tätig werden muss (BAG 10.10.2006 – 1 ABR 68/05). Zu den Aufgaben gehören die Wahrnehmung aller Mitbestimmungsrechte sowie die in § 80 Abs. 1 BetrVG genannten allgemeinen Aufgaben. Letztere sind vom Vorliegen besonderer Mitwirkungsrechte oder Mitbestimmungsrechte unabhängig (BAG 19.10.1999 – 1 ABR 75/98, NZA 2000, 837).

17. Kann der Arbeitgeber verlangen, dass der Betriebsrat Informationen immer schriftlich anfordert?

Nein, der Arbeitgeber kann nicht verlangen, dass der Betriebsrat alle Informationen schriftlich anfordert. Aus dem Gebot der vertrauensvollen Zusammenarbeit gem. § 2 BetrVG ergibt sich weder für die Art der Unterrichtung durch den Arbeitgeber noch die Anforderungen der Informationen durch den Betriebsrat ein Schriftformerfordernis. Der Arbeitgeber hat auch mündliche Anfragen zu beantworten und auf Wunsch des Betriebsrats bei komplexen Informationen die Auskünfte schriftlich zu erteilen (BAG 30.9.2008 – 1 ABR 54/07). Der Betriebsrat hat das Recht auf mündliche Anfragen und Beratungen in Betriebsratssitzungen. Allerdings können auf freiwilliger Basis Vereinbarungen über schriftliche Anfragen zum Zweck der besseren Nachvollziehbarkeit und Ordnung getroffen werden.

18. Darf der Arbeitgeber Anfragen des Betriebsrats einfach ignorieren?

Nein, der Arbeitgeber darf Anfragen des Betriebsrats nicht ignorieren. Der Betriebsrat hat ein gesetzliches Informations- und Beratungsrecht. Wenn der Arbeitgeber Anfragen nicht beantwortet, verstößt er gegen das Gebot der vertrauensvollen Zusammenarbeit. Wird dieses Gebot von einer Partei konstant verletzt, kann dies eine grobe Pflichtverletzung nach § 23 BetrVG darstellen und der Betriebsrat den Arbeitgeber gerichtlich zur Auskunft und zur Unterlassung weiterer Verstöße verpflichten. Außerdem handelt der Arbeitgeber ordnungswidrig, wenn er eine der in § 90 Abs. 1, Abs. 2 S. 1 BetrVG, § 92 Abs. 1 S. 1, Abs. 3 BetrVG, § 99 Abs. 1 BetrVG, § 106 Abs. 2 BetrVG, § 108 Abs. 5 BetrVG, § 110 BetrVG oder § 111 BetrVG bezeichneten Aufklärungs- und Auskunftspflichten nicht, wahrheitswidrig, unvollständig oder verspätet erfüllt.

19. Darf der Arbeitgeber die vom Betriebsrat gesetzten Fristen verstreichen lassen?

Nein, der Arbeitgeber muss die vom Betriebsrat gesetzten Fristen beachten. Das gebietet der Grundsatz der vertrauensvollen Zusammenarbeit. Bei Verletzungen kann der Betriebsrat rechtliche Schritte einleiten, um seine Rechte durchzusetzen (§ 23 BetrVG).

20. Kann der Arbeitgeber mitbestimmungspflichtige Entscheidungen beliebig hinauszögern?

Nein. Mitbestimmungspflichtige Entscheidungen dürfen nicht beliebig hinausgezögert werden. In § 74 Abs. 2 BetrVG werden alle Betätigungen von Arbeitgeber und Betriebsrat, durch die der geordnete Arbeitsablauf oder der Friede des Betriebs beeinträchtigt werden, verboten. Verbotszweck ist der Schutz des ungestörten Arbeitsablaufs und des Betriebsfriedens. Das Verbot richtet sich sowohl gegen Arbeitgeber und Betriebsrat als auch gegen die einzelnen Mitglieder des Betriebsrats in dieser Eigenschaft. Im Verhältnis zwischen Arbeitgeber und Betriebsrat kann der Betriebsfrieden dadurch beeinträchtigt werden, dass sie nicht ihre gegenseitige Rechte und Befugnisse anerkennen, nicht die zur Lösung bestehender Interessenkonflikte vorgesehenen Verfahren einhalten oder in einer Weise miteinander umgehen, die trotz Anerkennung bestehender Interessengegensätze schlechterdings nicht mit dem Gebot der vertrauensvollen Zusammenarbeit zu vereinbaren ist. So kann zB die wiederholte Missachtung der Beteiligungsrechte des Betriebsrats, insbesondere seiner Mitbestimmungsrechte, einen Verstoß gegen den Betriebsfrieden darstellen.

Hat der Betriebsrat eine Entscheidung zu treffen oder einer Maßnahme zuzustimmen, so hat der Arbeitgeber eine rechtzeitige und zielgerichtete Zusammenarbeit zu gewährleisten. Jede Betriebspartei hat bei Regelungen, die der Mitbestimmung des Betriebsrats unterliegen, einen Verhandlungsanspruch, auf den sich der Gegenspieler einlassen muss. Es besteht ein Verbot der missbräuchlichen Ausübung von Beteiligungsrechten.

21. Darf der Arbeitgeber selbst bestimmen, wen er als „leitende Angestellte" einstellt?

Ja, der Arbeitgeber hat grundsätzlich das Recht, selbst zu bestimmen, wen er als leitende Angestellte einstellt. Voraussetzung ist allerdings, dass die ausgeschriebene Stelle tatsächlich mindestens eine der drei Voraussetzungen des § 5 Abs. 3 BetrVG erfüllt:

- Nr. 1: Die Person ist zur selbständigen Einstellung und Entlassung von Mitarbeitern berechtigt oder
- Nr. 2: Die Personal hat Generalvollmacht oder nicht unbedeutende Prokura oder
- Nr. 3: Die Person nimmt regelmäßig für das Unternehmen bedeutende Aufgaben wahr und trifft dabei entweder Entscheidungen im Wesentlichen selbst oder beeinflusst sie zumindest

maßgeblich. Für Zweifelsfälle gibt § 5 Abs. 4 BetrVG weitere Abgrenzungskriterien an die Hand.

Der Arbeitgeber kann diese Vorschriften nicht dadurch umgehen, dass er in der Stellenbeschreibung oder im Arbeitsvertrag einfach die Bezeichnung "leitender Angestellter" verwendet, obwohl die entsprechende Position keine der in § 5 Abs. 3, 4 BetrVG genannten Kriterien erfüllt. Die Einstufung als leitender Angestellter wird in vielen Unternehmen dennoch "großzügig" gehandhabt.

Praxistipp

Der Betriebsrat hat zwar bei der Einstellung leitender Angestellter kein Mitbestimmungsrecht. Nach § 105 BetrVG ist der Arbeitgeber jedoch verpflichtet, eine beabsichtigte Einstellung oder personelle Veränderung eines leitenden Angestellten dem Betriebsrat rechtzeitig mitzuteilen. Außerdem kann der Betriebsrat in einem Statusverfahren die Einstufung als leitender Angestellter gerichtlich überprüfen lassen (vgl. Fitting BetrVG § 5 Rn. 431).

22. In welchen Fällen darf der Arbeitgeber dem Betriebsrat mit Haftung drohen?

Eine Drohung des Arbeitgebers gegenüber dem Betriebsratsvorsitzenden ihn persönlich in die Haftung zu nehmen, kann dann als unzulässige Behinderung der Betriebsratsarbeit angesehen werden, wenn eine Haftung unter keinem rechtlichen Gesichtspunkt in Betracht kommt.

Bei Beauftragung eines Sachverständigen kommt ein Freistellungs- und Zahlungsanspruch des Betriebsratsgremiums gegen den Arbeitgeber in Betracht, wenn folgende Voraussetzungen erfüllt sind:

- Die vereinbarte Leistung ist zur Erfüllung von Betriebsratsaufgaben erforderlich (§ 40 Abs. 1 BetrVG),
- die vereinbarte Vergütung ist marktüblich und
- der vereinbarten Leistung liegt ein ordnungsgemäß gefasster Beschluss des Betriebsrats gem. § 33 BetrVG zu Grunde.

Der Betriebsrat muss darauf achten, dass diese Voraussetzungen erfüllt sind, sonst ist der mit dem Beauftragten geschlossene Vertrag unwirksam. Dies hat zur Folge, dass zwar nicht der Betriebsrat als kollektives Organ haftet; jedoch können die den Betriebsrat vertretenden Betriebsratsmitglieder gegebenenfalls einzeln in Haftung genommen werden (Fitting BetrVG § 1 Rn. 211). Die Haftung des Betriebsrats aus solchen rechtsgeschäftlichen Verbindlichkeiten ist entsprechend seiner partiellen Vermögensfähigkeit auf dieses Vermögen, also regelmäßig auf den sich aus § 40 BetrVG ergebenden Freistellungsanspruch beschränkt. Diesen kann und muss der Betriebsrat ggf. an den Dritten abtreten. Dadurch wandelt sich der Freistellungsanspruch in einen Zahlungsanspruch des Dritten gegen den Arbeitgeber um (zuletzt BAG 18.11.2020 – 7 ABR 37/19). Eine weitergehende Haftung des Betriebsrats kommt regelmäßig nicht in Betracht (MHdB ArbR/Boemke § 286 Rn. 23).

Eine Haftung des Betriebsrats für Schadensersatzansprüche aus unerlaubter Handlung (§ 823 Abs. 1, 2 BGB, § 826 BGB) scheidet regelmäßig aus. Zwar erscheint es nicht ausgeschlossen, dass der Betriebsrat als Kollegialorgan durch ein Fehlverhalten den Tatbestand einer unerlaubten Handlung erfüllt. Mangels Rechtsfähigkeit ist er jedoch nicht deliktsfähig. Seine partielle Rechtsfähigkeit bezieht sich auf die ihm durch das BetrVG eingeräumten Rechtspositionen. Dazu gehört nicht die Begehung unerlaubter Handlungen. Im Übrigen kommt eine Haftung für Schadensersatzansprüche wegen der weitgehenden Vermögenslosigkeit des Betriebsrats auch praktisch nicht in Betracht (Richardi BetrVG/Thüsing Vor § 26 Rn. 12). Eine Haftung des Betriebsratsvorsitzenden kann nach § 179 Abs. 1, 2 BGB (analog) in Betracht kommen, wenn er als Vertreter des Betriebsrats ohne die erforderliche Vertretungsmacht einen Vertrag schließt und dem Dritten dadurch ein Schaden entsteht. Hiervon ist auch dann auszugehen, wenn der Betriebsrat die Beauftragung eines Beraters nach § 111 S. 2 BetrVG – Entsprechendes dürfte für die Beauftragung eines Rechtsanwalts nach § 40 Abs. 1 BetrVG gelten – nicht für erforderlich halten durfte (BGH 25.10.2012 – III ZR 266/11).

23. Kann ein Unternehmen zerschlagen werden, um einen Betriebsrat zu verhindern?

Oftmals wird auf das Mittel des sog. „Outsourcings“, also der Zerschlagung bzw. Auslagerung von Unternehmensteilen in einzelne, rechtlich unabhängige Gesellschaften gesetzt, um die Mitbestimmung auszuhebeln. Da § 1 Abs. 1 BetrVG mindestens fünf ständig wahlberechtigte Arbeitnehmer für die Bildung eines Betriebsrats verlangt, kann die Zerschlagung in kleine Einheiten der Bildung von Betriebsräten entgegenwirken.

Eine Zerschlagung oder Aufspaltung eines Unternehmens, allein zu dem Zweck, die Bildung oder Tätigkeit eines Betriebsrats zu verhindern, stellt einen Fall der Behinderung der Betriebsratsarbeit dar, da Unternehmer die Wahl von Betriebsräten ermöglichen und unterstützen müssen. Der Arbeitgeber muss der Wahl neutral gegenüberstehen.

Auch das Auslagern von Betriebsteilen kann bestehenden Betriebsratsgremien zum Verhängnis werden. Betriebsratsmitglieder, die in einem Betriebsteil beschäftigt sind, der ausgelagert wird, sind zwar in andere verbleibende Betriebsabteilungen zu versetzen. Ist dies jedoch mangels eines freien Arbeitsplatzes nicht möglich, ist das Betriebsratsmitglied ordentlich kündbar, vgl. § 15 Abs. 4 KSchG.

IV. Organisatorische Behinderung des Betriebsrats

Der Betriebsrat als Gremium ist nicht vermögensfähig. § 40 BetrVG verpflichtet den Arbeitgeber dazu, die „erforderlichen" Kosten der Betriebsratsarbeit zu tragen. Was erforderlich ist, bestimmt weder der Betriebsrat noch der Arbeitgeber alleine. Der Betriebsrat hat jedoch einen gewissen Beurteilungsspielraum. Abzustellen ist dabei darauf, wie ein „vernünftiger Dritter" die Lage beurteilen würde. Dieser Beurteilungsspielraum ist jedoch oftmals auch eine Unsicherheit und ein Einfallstor für den Arbeitgeber, Betriebsratsarbeit durch die Nichtübernahme von Kosten, bspw. für Schulungen, zu behindern.

Dabei beinhaltet § 40 BetrVG 2 Alternativen, von denen immer nur die eine oder die andere anwendbar ist, nie jedoch beide zugleich:

- Kostenübernahme: § 40 Abs. 1 BetrVG verpflichtet den Arbeitgeber, die durch die Arbeit des Betriebsrats entstehenden finanziellen Verbindlichkeiten zu begleichen.
- Naturalleistungspflicht: § 40 Abs. 2 BetrVG sieht eine Naturalleistungspflicht des Arbeitgebers durch die Überlassung von Sach- und Personalmitteln vor. Hierzu gehört beispielsweise die Bereitstellung von Räumen oder Kommunikationstechnik.

Neben diesen direkten Kosten, beispielsweise durch den „Arbeitsausfall und die Entgeltfortzahlung" wegen der Wahrnehmung der Betriebsratstätigkeit gem. § 37 Abs. 2 BetrVG, entstehen auch mittelbare Kosten aus der Tätigkeit des Betriebsrats.

→ *Muster 2: Übersicht Kosten und Sachaufwand des Betriebsrats*

24. Darf der Arbeitgeber dem Betriebsrat die nötigen Arbeitsmittel verweigern?

Nein, der Arbeitgeber darf dem Betriebsrat die nötigen Arbeitsmittel nicht verweigern. Gemäß § 40 Abs. 2 BetrVG hat der Arbeitgeber die Kosten der laufenden Geschäftsführung des Betriebsrats in erforderlichem Umfang zu tragen. Was erforderlich ist, hängt von der Größe des Betriebsrats, der Beschaffenheit des Betriebes, den konkreten Aufgaben und den besonderen Erfordernissen im Einzelfall ab. Dazu können auch die Bereitstellung von Büromaterial, Computern, Literatur und passenden Räumlichkeiten sowie die Kosten für notwendige Schulungen gehören.

Beispiel

Die Fachzeitschrift AiB wird von der Rechtsprechung als erforderlich angesehen (Fitting BetrVG § 40 Rn. 123).

Das BetrVerf-ReformG hat durch die Ergänzung des § 40 Abs. 2 BetrVG ausdrücklich klargestellt, dass auch die Informations- und Kommunikationstechnik, zB ein PC mit Bildschirm, Drucker und Software, zu den Sachmitteln gehört, die dem Betriebsrat zur Verfügung zu stellen sind (Fitting BetrVG § 40 Rn. 127, 131).

Lehnt der Arbeitgeber die Kostenübernahme für die Sachmittel ab, ist der Betriebsrat nicht berechtigt, die Sachmittel selbst zu beschaffen. Der Arbeitgeber muss vom Betriebsrat aufgefordert werden, die genau bezeichneten Sachmittel zu beschaffen und zur Verfügung zu stellen – ggf. kann der Arbeitgeber mittels eines arbeitsgerichtlichen Beschlussverfahrens hierzu gezwungen werden. Im Rahmen eines solchen Verfahrens wird dann auch die Erforderlichkeit gerichtlich überprüft (Fitting BetrVG § 40 Rn. 105).

25. Kann der Arbeitgeber ein Betriebsratsmitglied daran hindern, an einer erforderlichen Betriebsratsschulung teilzunehmen?

Das Recht eines Betriebsratsmitglieds zur Teilnahme an Schulungen, um das rechtlich notwendige Wissen zur Wahrnehmung der Betriebsratstätigkeit zu erlangen, ist nicht nur ein Anspruch des Betriebsratsmitglieds gem. § 37 Abs. 6 BetrVG, sondern auch eine Pflicht. Sofern die Veranstaltung Kenntnisse vermittelt, die für die Arbeit des Betriebsrats erforderlich sind, ist eine Teilnahme notwendig. Erforderlich sind Kenntnisse, die der Betriebsrat benötigt, um seine gegenwärtigen oder in naher Zukunft anstehenden Aufgaben sach- und fachgerecht zu erfüllen. Der Anspruch auf Schulung steht dem einzelnen Betriebsratsmitglied zu.

Praxistipp

Sowohl im Betriebsverfassungsrecht als auch im allgemeinen Arbeitsrecht ist die Vermittlung allgemeiner Grundkenntnisse bei Betriebsratsmitgliedern ohne entsprechende Kenntnisse grundsätzlich nach § 37 Abs. 6 BetrVG erforderlich. In diesen Fällen erübrigt sich der Nachweis des konkretbetriebsbezogenen Anlasses. Auf diese Grundlagenschulung hat jedes einzelne Mitglied des Betriebsrats Anspruch. Ein Problem könnte nur bei spezielleren Themen und Schulungen nach § 37 Abs. 7 BetrVG bestehen.

Eine Fortbildung zum Thema „Aktuelle Rechtsprechung“ ist in gewissen zeitlichen Abständen bei mindestens einem Betriebsratsmitglied erforderlich (BAG, 20.12.1995 – 7 ABR 14/95).

26. Darf der Arbeitgeber sich weigern, vom Betriebsrat verursachte Kosten zu übernehmen?

Grundsätzlich darf der Arbeitgeber sich nicht weigern, die vom Betriebsrat verursachten Kosten zu übernehmen, solange diese notwendig und angemessen sind. Nach § 40 Abs. 1, 2 BetrVG hat der Arbeitgeber die Kosten der Betriebsratstätigkeit zu tragen, einschließlich der Kosten für externe Sachverständige, Rechtsanwälte und Schulungen, sofern diese notwendig erscheinen. Dabei ist stets eine Abwägung der Erforderlichkeit und Angemessenheit vorzunehmen.

27. Kann der Arbeitgeber verhindern, dass eine Betriebsratssitzung stattfindet?

Nein, der Arbeitgeber kann das Abhalten einer Betriebsratssitzung nicht verhindern. Dies gilt auch für solche Sitzungen, die aus Sicht des Arbeitgebers nicht erforderlich sind oder ohne Rücksicht auf betriebliche Notwendigkeiten anberaumt wurden (LAG Düsseldorf 30.8.2023 – 12 TaBV 18/23). Das Betriebsverfassungsgesetz gesteht dem Betriebsrat ein weitreichendes Selbstorganisationsrecht zu. Die Betriebsratssitzung als Instrument der Willensfindung des Betriebsrates genießt hohen Schutz, ebenso das Recht der Betriebsratsmitglieder zur Teilnahme an der Sitzung. Gem. § 30 Abs. 1 S. 2 BetrVG hat der Betriebsrat zwar beim Ansetzen von Betriebsratssitzungen auf die betrieblichen Notwendigkeiten Rücksicht zu nehmen. Ein Überschreiten des in diesem Kontext gegebenen Beurteilungsspielraums kann der Arbeitgeber jedoch nur im Rechtswege rügen. Jeglicher Versuch des Arbeitgebers, die Durchführung zu verhindern, stellt eine unzulässige Erschwerung der Betriebsratsarbeit dar und verstößt gegen das Behinderungsverbot des § 78 S. 1 BetrVG.

28. Darf der Arbeitgeber einzelne Betriebsratsmitglieder von der Teilnahme an einer Betriebsratssitzung abhalten?

Nein, dem Arbeitgeber ist es nicht erlaubt, durch seine Repräsentanten die Betriebsratsarbeit dadurch zu behindern, dass er bereits im Vorfeld die Teilnahme der Betriebsratsmitglieder an einer angezeigten Betriebsratssitzung durch Androhung von Abmahnungen oder Verdienstkürzungen verhindert (LAG Düsseldorf 30.8.2023 – 12 TaBV 18/23). Die Teilnahme des Betriebsratsmitglieds an den einzelnen Betriebsratssitzungen ist dessen betriebsverfassungsrechtliche Pflicht. Das einzelne Betriebsratsmitglied hat auf die Anberaumung der Betriebsratssitzung keinen Einfluss. Will der Arbeitgeber die Teilnahme verhindern, ist er auf den Rechtsweg, zB in Form eines Feststellungsantrags zu verweisen, der dann Grundlage einer späteren Feststellung eines "groben Verstoßes" iSv § 23 Abs. 3 BetrVG sein könnte. Auch ist es möglich, in Einzelfällen im Wege einer einstweiligen Verfügung eine Verschiebung oder Aufhebung einer Sitzung zu erreichen. Drohungen oder sonstige Maßnahmen, um die Sitzung oder die Teilnahme an dieser zu verhindern, stellen eine unzulässige Behinderung der Betriebsratsarbeit dar und können strafrechtlich verfolgt werden (§ 119 BetrVG).

Neben dem direkten Verbot der Teilnahme (ArbG Frankfurt 2.3.1988 – 14 BV 16/87) ist eine „bloße“ Empfehlung zur Nichtteilnahme (OLG Stuttgart 9.9.1988 – 1 Ws 237/88) ebenso unzulässig.

Oftmals nehmen Betriebsratsmitglieder auch deshalb an Sitzungen nicht teil, weil sonst ihre Arbeit nicht nur liegen bleibt, sondern auch ihre Arbeitskollegen erheblich belastet werden. Arbeitgeber sind aber verpflichtet, Betriebsratsmitglieder von ihrer beruflichen Tätigkeit zur Wahrnehmung ihrer betriebsverfassungsrechtlichen Pflichten freizustellen, § 37 Abs. 2 BetrVG. Das beinhaltet auch, die Arbeitsbelastung des Betriebsratsmitglieds zu reduzieren, um faktisch eine Betriebsratsarbeit während der Arbeitszeit zu ermöglichen. Sollte dies nicht gewährleistet werden, stellt das eine Behinderung der Betriebsratsarbeit dar und führt zu einer Gefährdung des Arbeitnehmers, der auch Betriebsratsmitglied ist.

Eine **Überlastungs- oder Gefährdungsanzeige** des einzelnen Betriebsratsmitglieds führt in diesem Fall nicht nur zu einer Haftungsfreistellung bei Fehlern während der arbeitsvertraglichen Tätigkeit, sondern auch zu einer Überprüfung der Frage, ob das Betriebsratsmitglied, wie von § 37 Abs. 2 BetrVG angedacht, für die Wahrnehmung seiner Betriebsratsarbeit tatsächlich entlastet wird. In Folge muss ggf. eine Aktualisierung der Gefährdungsbeurteilung erfolgen.

Bei Arbeitsüberlastung besteht nicht nur ein Recht, sondern auch eine Pflicht zur Abgabe einer Überlastungsanzeige, wenn man nicht mehr garantieren kann, dass man seiner Arbeitsverpflichtung noch ordnungsgemäß nachkommen kann (§ 611 BGB iVm § 242 BGB sowie §§ 15, 16 ArbSchG):

> *„Beschäftigte haben auch für die Sicherheit und Gesundheit der Personen Sorge zu tragen, die von ihren Handlungen oder Unterlassungen betroffen sind und dem Arbeitgeber oder dem zuständigen Vorgesetzten jede von ihnen festgestellte Gefahr für Sicherheit und Gesundheit unverzüglich zu melden“.*

Die Anzeige dient einerseits dazu, den Arbeitgeber auf die drohende Gefährdung von Mitarbeitern und Sachmitteln hinzuweisen und deren Schädigung zu vermeiden. Andererseits soll sie den Eigenschutz der Beschäftigten vor strafrechtlichen, arbeitsrechtlichen und zivilrechtlichen Folgen sicherstellen. Ziel der Überlastungsanzeige ist, dass der Arbeitgeber die Gefahr abwehrt und die Mitarbeiter ihre Arbeitsleistung (wieder) ordnungsgemäß erbringen können.

Praxistipp

Bei der Gefährdungsbeurteilung geht es um Zahlen, Fakten und Zahlen, nicht um Befindlichkeiten. Bitte schilden Sie möglichst konkret, durch welche Arbeitsbedingungen Sie im besonderen Maße belastet werden (zB deutlich höhere Stückzahl als im Jahr davor, fehlende Mitarbeiter, keine Stellvertretung im Urlaub mehr vorhanden, fehlerhafte Computerprogramme etc.). Sofern Sie Überstunden gemacht haben, können diese ein Indiz für eine Arbeitsüberlastung darstellen.

→ *Muster 3: Überlastungsanzeige/Gefährdungsanzeige*

29. Kann der Arbeitgeber verlangen, dass Betriebsräte die Zeiten ihrer Betriebsratstätigkeit mit ihm abstimmen?

Nein, der Arbeitgeber kann nicht verlangen, dass Betriebsräte die Zeiten ihrer Betriebsratstätigkeit mit ihm abstimmen. Betriebsratsmitglieder sind zur selbstständigen Wahrnehmung ihrer Aufgaben berechtigt und bedürfen grundsätzlich keiner Genehmigung des Arbeitgebers für ihre Betriebsratstätigkeit. Das Betriebsratsmitglied muss sich bei seinem Vorgesetzten zur Wahrnehmung von Betriebsratstätigkeit abmelden und die voraussichtliche Dauer der Betriebsratstätigkeit mitteilen. Dabei muss er jedoch keinen Grund für die Betriebsratsarbeit angeben. Der Arbeitgeber muss in der Lage sein, die Arbeitsabläufe zu organisieren und die Fehlzeiten des Betriebsratsmitglieds zur Vermeidung von Störungen im Betriebsablauf auszugleichen. Demgegenüber bedarf es keiner Ab- und Rückmeldung, wenn eine vorübergehende Umorganisation der Arbeitseinteilung nicht ernsthaft in Betracht kommt (BAG 29.6.2011 – 7 ABR 135/09).

30. Muss ein Betriebsratsmitglied die Zeiten seiner Betriebsratstätigkeit bekannt geben?

Ein Betriebsratsmitglied muss die Zeiten seiner Betriebsratstätigkeit grundsätzlich nicht im Voraus bekannt geben. Es besteht jedoch eine Pflicht zu gewisser Transparenz. In Fällen, in denen sich das Betriebsratsmitglied nicht vorher abmeldet, ist es verpflichtet, dem Arbeitgeber auf dessen Verlangen nachträglich die Gesamtdauer der in einem bestimmten Zeitraum geleisteten Betriebsratstätigkeit mitzuteilen (BAG 29.6.2011 – 7 ABR 135/09).

V. Persönliche Behinderung der Betriebsratsmitglieder

Zum Schutz der Institution des Betriebsrats ist es erforderlich, dass auch das einzelne Betriebsratsmitglied besonderen Schutz genießt. Betriebsratsmitglieder haben eine verantwortungsvolle Aufgabe im Unternehmen und benötigen diesen Schutz, um ihre Aufgaben ohne Angst vor Repressalien seitens des Arbeitgebers wahrnehmen zu können. Nachfolgend werden wichtige rechtliche Fragen rund um die Rechtsstellung von Betriebsratsmitgliedern beleuchtet.

31. Wie ist ein Betriebsratsmitglied gegen eine Kündigung geschützt?

Mitglieder des Betriebsrats genießen einen besonderen Kündigungsschutz. Die Betriebsratsmitglieder sollen ihr Amt ungestört und ohne "Angst" ausüben können. Eine ordentliche Kündigung von Betriebsratsmitgliedern ist für die Dauer ihrer Amtszeit und bis zu einem Jahr über das Ende der Amtszeit hinaus unzulässig. Eine Ausnahme besteht nur bei der Stilllegung des Betriebs oder eines Betriebsteils. Dieses Kündigungsverbot bezieht sich jedoch nur auf ordentliche Kündigungen. Eine außerordentliche Kündigung ist weiterhin möglich; allerdings bedarf es hierzu der Zustimmung des Betriebsrats oder (bei Zustimmungsverweigerung) der rechtskräftigen Ersetzung der Zustimmung durch ein Arbeitsgericht (§ 103 BetrVG). Im Nachwirkungszeitraum, also ein Jahr nach Beendigung der Amtszeit, bleibt es aber auch bei der außerordentlichen Kündigung von Betriebsratsmitgliedern bei der reinen Anhörung des Betriebsrats – eine Zustimmung im Nachwirkungszeitraum ist also nicht erforderlich.

Der Kündigungsschutz greift nicht bei Auslaufen einer Befristung. Eine Benachteiligung des Betriebsratsmitglieds könnte in diesem Kontext entstehen, wenn der Arbeitgeber ihm wegen seiner Betriebsratsmitgliedschaft lediglich ein befristetes Arbeitsverhältnis anbietet oder ihn deswegen nicht unbefristet übernimmt. Die nach § 14 Abs. 2 TzBfG sachgrundlos befristeten Arbeitsverhältnisse von Betriebsratsmitgliedern enden wegen des Begünstigungsverbots ebenso wie diejenigen anderer Arbeitnehmer mit Ablauf der vereinbarten Befristung. Dem unionsrechtlich gebotenen Schutz eines Betriebsratsmitglieds (Art. 27, 28, 30 EU-Grundrechtecharta) vor einer im Zusammenhang mit einer Befristung stehenden Benachteiligung kann durch § 78 S. 2 BetrVG – ggf. iVm § 280 Abs. 1 BGB, § 823 Abs. 2 BGB – Rechnung getragen werden (BAG 5.12.2012 – 7 AZR 698/11).

32. Wie ist ein Betriebsratsmitglied gegen eine Versetzung geschützt?

Betriebsratsmitglieder sind ebenfalls vor ungerechtfertigten Versetzungen geschützt. Eine Versetzung eines Betriebsratsmitglieds, die zu einem Verlust des Amtes oder der Wählbarkeit führen würde, bedarf der Zustimmung des Betriebsrats. Dies ist in § 103 Abs. 3 BetrVG geregelt.

33. Wie können sich Betriebsräte gegen Einschüchterungsversuche des Arbeitgebers schützen?

Betriebsratsgremien befinden sich in einem permanenten Spannungsfeld zwischen den Interessen des Arbeitgebers und der Arbeitnehmer. Umso wichtiger ist es, starke Positionen zu schaffen. Im Hinblick auf den Rückhalt in der Belegschaft muss daher eine überzeugende Informationspolitik gegenüber der Belegschaft verfolgt werden. Zur Bekräftigung der vom Betriebsrat eingenommenen Position bieten sich daher Umfragen in der Belegschaft (LAG Sachsen 15.7.2022 – 4 TaBVGa 1/22) oder die regelmäßige Veröffentlichung eines betriebsinternen Newsletters über die Betriebsratstätigkeiten an (BAG 21.11.1978 – 6 ABR 85/76).

Praxistipp

Bei Angriffen gegen einzelne Betriebsratsmitglieder ist es wichtig, ein geschlossenes Bild nach außen abzugeben. Vor diesem Hintergrund sollte niemals das Ergebnis einer Abstimmung zu einer Beschlussfassung des Betriebsrats dem Arbeitgeber zur Kenntnis gelangen. Bei konsequenten Verstößen des Arbeitgebers gegen die gebotenen Beteiligungsrechte empfiehlt sich eine „kollektive Abmahnung", dh eine Abmahnung des Arbeitgebers nach Beschluss des Gremiums. Auch sollte, sofern eine Gewerkschaft im Betrieb vertreten ist, die Hinzuziehung einer Gewerkschaft erwogen werden. Sollten sich die Einschüchterungsversuche auch in Bossing oder Mobbinghandlungen gegen einzelne Betriebsratsmitglieder äußern, so sollten diese die Vorgänge schriftlich dokumentieren und eine Beschwerde nach § 85 BetrVG absetzen, um den Arbeitgeber von weiteren Maßnahmen abzuhalten. Sollte auch dies nicht fruchten, sollte ein Strafantrag wegen Behinderung der Arbeit der einzelnen Betriebsratsmitglieder nach § 119 BetrVG sowie die Durchsetzung eines Unterlassungsanspruchs aus § 78 S. 1 BetrVG (LAG Düsseldorf 30.8.2023 – 12 TaBV 18/23) in Betracht gezogen werden.

34. Darf sich der Arbeitgeber negativ über den Betriebsrat oder einzelne Mitglieder äußern?

Der Arbeitgeber darf sich nicht beleidigend oder abwertend über den Betriebsrat oder einzelne Mitglieder äußern. Solche Äußerungen können als Verletzung der Persönlichkeitsrechte und Behinderung der Betriebsratsarbeit im Sinne des § 78 BetrVG angesehen werden.

Beispiel

- *Diskreditierende Äußerungen wie: „der Betriebsrat handele grob fahrlässig und geschäftsschädigend, er habe sich auf Kosten des Arbeitgebers und der Arbeitnehmer externe Berater erkauft", sind nicht durch die Meinungsfreiheit in Art. 5 Abs. 1 S. 1 GG gedeckt (LAG Nds 6.4.2004 – 1 TaBV 64/03)*
- *Auch die Unterrichtung der Arbeitnehmer über die Kosten des Betriebsrats kann eine unzulässige Behinderung der Betriebsratsarbeit sein, wenn sie in einer Art und Weise erfolgt, die die Grundsätze der vertrauensvollen Zusammenarbeit missachtet und die Betriebsratsmitglieder in einem unberechtigten negativen Licht erscheinen lässt und damit deren Amtsführung erschwert (BAG 19.7.1995 – 7 ABR 60/94).*

35. Wie wird die angemessene Vergütung für Betriebsräte ermittelt?

Die Mitglieder des Betriebsrats führen ihr Amt unentgeltlich als Ehrenamt, § 37 Abs. 1 BetrVG. Sie dürfen wegen ihrer Tätigkeit weder bevorzugt noch benachteiligt werden, § 37 Abs. 4 BetrVG.

Aus § 78 S. 2 BetrVG kann sich iVm § 611a Abs. 2 BGB ein unmittelbarer Anspruch des Betriebsratsmitglieds auf eine bestimmte Vergütung ergeben, wenn sich die Zahlung einer geringeren Vergütung als eine Benachteiligung des Betriebsratsmitglieds wegen seiner Betriebsratstätigkeit darstellt (BAG 20.1.2021 – 7 AZR 52/20).

Dabei ist zwischen Betriebsratsmitgliedern zu unterscheiden, die die Betriebsratsarbeit gem. § 38 Ab. 1 BetrVG dauerhaft freigestellt sind, und Betriebsratsmitgliedern, die zur Wahrnehmung ihrer betriebsverfassungsrechtlichen Rechte und Pflichten „anlassbezogen" freigestellt werden (§ 37 Abs. 2 BetrVG).

In Betrieben mit mehr als 200 Beschäftigten sind – entsprechend der Anzahl der Beschäftigten – ein oder mehrere Betriebsratsmitglieder ständig von der Arbeit freizustellen (§ 38 Abs. 1 BetrVG). Diese Betriebsratsmitglieder dürfen durch die dauerhafte Freistellung keinen Entgeltverlust oder sonstige Nachteile erleiden. Während der Amtszeit (und auch noch ein Jahr danach) darf das Arbeitsentgelt von freigestellten Betriebsratsmitgliedern daher nicht geringer ausfallen als das von vergleichbaren Arbeitnehmern mit betriebsüblicher beruflicher Entwicklung (sog. **Arbeitsentgeltsicherung** gem. § 37 Abs. 4 BetrVG).

Anlassbezogen freigestellte Betriebsratsmitglieder (§ 37 Abs. 2 BetrVG) bleiben dagegen während ihrer restlichen Arbeitszeit verpflichtet, die ihnen obliegende Arbeitsleistung zu erbringen. Daher ist diejenige Vergütung fortzuzahlen, die das Betriebsratsmitglied erhalten hätte, wenn es keine Betriebsratsaufgaben wahrgenommen hätte (sog. **Lohnausfallprinzip**).

Zum Entgelt können auch freiwillig gezahlte Zulagen an freigestellte Betriebsratsmitglieder gehören. Der Fortzahlungsanspruch ist brutto zu berechnen; infolge der Freistellung nicht mehr zu beanspruchende Steuervergünstigungen brauchen nicht ausgeglichen zu werden. Der steuerpflichtige Teil der Nahauslösung gehört zur Bruttovergütung. Sind einem Betriebsratsmitglied Überstunden, Nachtarbeitszuschläge usw. zu vergüten, sind diese steuerpflichtig. Hat das Betriebsratsmitglied Arbeitsbefreiung für eine nicht zu den Aufgaben des Betriebsrats gehörende Tätigkeit in Anspruch genommen, verliert es grundsätzlich den Anspruch auf Arbeitsentgelt, wenn es nicht aufgrund eines entschuldbaren Irrtums davon ausgehen durfte, dass es erforderliche Betriebsratstätigkeiten ausübt.

Nachdem durch das Urteil des BGH (BGH 10.1.2023 – 6 StR 133/22) Rechtsunsicherheiten entstanden waren, wurden in dem am 1.11.2023 vom Kabinett beschlossenen Entwurf eines Zweiten Gesetzes zur Änderung des Betriebsverfassungsgesetzes (BT-Drs. 20/9469) gesetzliche Klarstellungen der derzeitigen Rechtslage bei der rechtmäßigen Vergütung von Betriebsräten durch eine Fortschreibung der § 37 BetrVG und § 78 BetrVG vorgenommen. In § 78 BetrVG ist dazu folgender neue Satz 3 angefügt worden:

> *„Eine Begünstigung oder Benachteiligung liegt im Hinblick auf das gezahlte Arbeitsentgelt nicht vor, wenn das Mitglied einer in Satz 1 genannten Vertretung in seiner Person die für die Gewährung des Arbeitsentgelts erforderlichen betrieblichen Anforderungen und Kriterien erfüllt und die Festlegung nicht ermessensfehlerhaft erfolgt.“*

Mit dem neuen Satz 3 werden Kriterien vorgegeben, an denen sich die benachteiligungs- und begünstigungsfreie Entgeltgewährung orientieren kann.

36. Darf der Arbeitgeber „arbeitgeberfreundlichen“ Betriebsräten „Vergünstigungen“ anbieten?

Nein. Eine solche Vergünstigung, die nur im Kontext mit der Tätigkeit des Betriebsrats und mit dem Zweck erfolgt, das Amt des Betriebsrats nicht mehr neutral, sondern arbeitgeberfreundlich wahrzunehmen, stellt einen Verstoß gegen das Benachteiligungs- und Begünstigungsverbot dar. Durch das Betriebsverfassungsgesetz ist eine Vergütung der Betriebsratstätigkeit selbst verboten. Nach § 37 Abs. 1 BetrVG üben die Betriebsratsmitglieder ihre Betriebsratstätigkeit unentgeltlich aus. Die Vergütung des freigestellten Betriebsrats bemisst sich grundsätzlich nach der Entgelthöhe der zuletzt ausgeübten Tätigkeit. Selbst eine Erhöhung der Vergütung auf Grund gestiegener Verantwortung oder erhöhten Zeitaufwandes als Betriebsrat ist nach § 78 S. 2 BetrVG rechtswidrig. Es kann eine nach § 266 Abs. 1 StGB strafbare Untreue darstellen, wenn ein Repräsentant einer Kapitalgesellschaft unter Verstoß gegen § 78 S. 2 BetrVG einem Betriebsratsmitglied ein überhöhtes Arbeitsentgelt gewährt (BGH 10.1.2023 – 6 StR 133/22).

Beispiel

Das Betriebsratsmitglied erhält mit Amtsübernahme einen Dienstwagen auch zur privaten Nutzung, obwohl er zuvor keinen Dienstwagen hatte. Die Überlassung eines Dienstwagens auch zur privaten Nutzung ist als Entgelt anzusehen. Darf der Arbeitnehmer den Dienstwagen auch für private Zwecke (also etwa auch für das Zurücklegen des Wegs von der Wohnung zur Arbeitsstätte) nutzen, stellt die Überlassung des Firmenwagens eine Naturalvergütung dar (BAG 23.6.1994 – 8 AZR 537/92).

37. Darf der Arbeitgeber ein Betriebsratsmitglied von beruflichen Fortbildungsmaßnahmen ausschließen?

Nein. Das Benachteiligungsverbot gilt ausdrücklich auch für die berufliche Entwicklung. Betriebsratsmitglieder dürfen von den Berufsbildungsmaßnahmen nicht ausgeschlossen werden. Für freigestellte Betriebsratsmitglieder ist dies explizit in § 38 Abs. 4 BetrVG geregelt: Freigestellte Betriebsratsmitglieder dürfen auch während der Zeit ihrer Freistellung von inner- und außerbetrieblichen Maßnahmen von Berufsbildung nicht ausgeschlossen werden (Fitting BetrVG § 38 Rn. 97–103). Nach Beendigung ihrer Freistellung hat der Arbeitgeber dem Betriebsratsmitglied innerhalb eines Jahres nach Beendigung der Freistellung die Möglichkeit zu geben, die betriebsübliche berufliche Entwicklung nachzuholen.

Praxistipp

Der Betriebsrat kann im Rahmen seiner Mitbestimmungsrechte nach § 98 Abs. 3, 4 BetrVG auf eine Teilnahme freigestellter und nicht freigestellter Betriebsratsmitglieder an betrieblichen oder außerbetrieblichen Fortbildungsveranstaltungen hinwirken.

38. Kann wegen der Betriebsratstätigkeit ein „Karriereknick" drohen?

Nein. Erhält ein Arbeitnehmer die Beförderung nur deshalb nicht, weil er Mitglied des Betriebsrats wird, liegt eine unzulässige Benachteiligung des Betriebsrats nach § 78 S. 2 BetrvG vor. Dementsprechend kann ein Betriebsratsmitglied, das nur infolge der Amtsübernahme nicht in eine Position mit höherer Vergütung aufsteigt, den Arbeitgeber unmittelbar auf Zahlung der höheren Vergütung nach § 611a Abs. 2 BGB iVm § 78 S. 2 BetrVG in Anspruch nehmen.

Praxistipp

Die Beweislast für die Benachteiligung des Betriebsratsmitglieds liegt bei diesem selbst. Es empfiehlt sich daher schon bei Übernahme des Mandats durch aktualisierte Stellenbeschreibungen und Anforderungen eines Zwischenzeugnisses die bisherigen Leistungen zu dokumentieren.

39. Darf der Arbeitgeber einzelne Betriebsräte überwachen, zB durch Detektive?

Nein. Nach § 78 S. 1 BetrVG dürfen u. a. die Mitglieder des Betriebsrats in der Ausübung ihrer Tätigkeit nicht gestört oder behindert werden. Zwar ist auch durch § 78 S. 1 BetrVG nur die ordnungsmäßige und pflichtgemäße Betätigung des Betriebsrats geschützt, sodass eine Observation im Einzelfall zulässig sein könnte. Besteht jedoch kein hinreichender und konkreter Anlass, ist eine Überwachung, egal in welcher Form, ausgeschlossen. Eine Überwachung von Betriebsratsmitgliedern stellt nicht nur eine Behinderung der Betriebsratstätigkeit, sondern auch einen Eingriff in das allgemeine Persönlichkeitsrecht des Betriebsratsmitgliedes dar. Nach der Rechtsprechung ist das durch Art. 2 Abs. 1 GG iVm Art. 1 Abs. 1 GG und Art. 8 Abs. 1 EMRK gewährleistete allgemeine Persönlichkeitsrecht auch im Arbeitsverhältnis zu beachten (LAG RhPf. 27.4.2017 – 5 Sa 449/16)

Praxistipp

Bei der E-Mail- und Internetnutzung sollte der Betriebsrat darauf achten, dass die sog. Funktionspostfächer, dh die Postfächer der Organe der Betriebsverfassung (zB JAV, SBV, BR) durch klare Regelungen in den entsprechenden Betriebsvereinbarungen vor Screening und Einsichtnahme geschützt sind.

40. Wo ist die Grenze zwischen Behinderung der Betriebsratsarbeit und Mobbing?

Oftmals sind gerade die Personen, die den Betriebsrat nach außen vertreten, auch persönlichen Anfeindungen oder Konflikten mit Vorgesetzten in besonderem Maße ausgesetzt. Das Thema Arbeitsanfall und Arbeitsentlastung für die Betriebsratsarbeit führt bei nicht dauerhaft freigestellten Betriebsräten oft zu Problemen mit Vorgesetzten und Kollegen. Dabei stellt die nicht erfolgte Arbeitsentlastung eine Form der Behinderung der Betriebsratsarbeit dar. Gleichzeitig sind Behauptungen von Kollegen wie „der trinkt auch nur noch Kaffee und arbeitet nichts mehr" herabsetzende Äußerungen, die Mobbing sein können, wenn sie darauf abzielen, das Betriebsratsmitglied zur Nichtwahrnehmung seines Amtes zu bewegen. Manchmal wird aber auch zu schnell von Mobbing gesprochen.

Mobbinghandlungen sind fortgesetzte, aufeinander aufbauende oder ineinander übergreifende Anfeindungen, Schikanen oder der Diskriminierung dienende Verhaltensweisen am Arbeitsplatz (vgl. BAG 15.1.1997 – 7 ABR 14/96). Das Mobbingopfer wird hierdurch im allgemeinen Persönlichkeitsrecht, der Ehre und der Gesundheit verletzt. Weisungen, die zu Mobbinghandlungen führen, dürfen nicht nur, sondern müssen sogar verweigert werden. Mobbing geht meist von anderen Mitarbeitern oder Vorgesetzten gegen eine bestimmte Person aus. Wenn diese Person auch Betriebsratsmitglied ist und das Arbeitsverhältnis bis zur Wahl in den Betriebsrat unbelastet war, liegt der Verdacht nahe, dass das Mobbing auf Grund der Übernahme des Betriebsratsmandates gestartet wurde. Um also die Grenze zwischen Behinderung der Betriebsratsarbeit und Mobbing zu erkennen, muss sowohl auf die Gesamtsituation, aber auch auf die Absicht der Personen abgestellt werden, die für das geänderte Verhalten von Kollegen und Vorgesetzten verantwortlich sind.

Behinderung der Betriebsratsarbeit gemäß § 78 S. 1 BetrVG umfasst alle Handlungen, die die Betriebsratstätigkeit direkt beeinträchtigen. Mobbing hingegen bezeichnet systematisches, bewusstes Schikanieren und Ausgrenzen einer Person. Wiederholte, unbegründete Kritik, das Berauben von Aufgaben oder die Zuweisung schlechterer Arbeitsbedingungen können als Mobbing, Behinderung der Betriebsratstätigkeit oder beides angesehen werden – je nach den konkreten Umständen und dem Nachweis der verfolgten Absicht des Arbeitgebers. Ein festes Merkmal der rechtlichen Einschätzung ist die Dauer und Intensität der Benachteiligungen sowie ihr Bezug zur Betriebsratstätigkeit. Mobbing knüpft meist direkt an der Person des Betriebsratsmitglieds an, während eine Störung der Betriebsratstätigkeit in einer von den Personen losgelösten Störungshandlung liegen kann (zB unterschiedsloses/generelles Vorenthalten wichtiger Informationen, Verhinderung einer Betriebsratssitzung etc.)

Praxistipp

Ein Betriebsrat sollte bei Verdacht auf gezieltes Mobbing des Gremiums unbedingt einen Rechtsanwalt aufsuchen. Dies gilt auch bei dem Verdacht, dass Mobbing gegen ein Mitglied des Betriebsrats mit dem Ziel der Behinderung seiner Betriebsratsarbeit ausgeführt wird. Diesbezüglich sollte die Möglichkeit einer Beschwerde nach § 85 BetrVG vom Gremium geprüft werden, ebenso wie die Kontaktaufnahme mit internen Compliance-Stellen. Den einzelnen Betriebsratsmitgliedern ist dringend anzuraten, Vorfälle schriftlich aufzuzeichnen und E-Mail-Verkehr „sicher" im E-Mail-Account des Betriebsratsgremiums zu speichern. Auch sollte per Newsletter und auf Betriebsversammlungen die Arbeit des Betriebsrats dargestellt und damit auch Verständnis für das erhebliche Arbeitsvolumen, ausgelöst durch die Betriebsratsarbeit, geschaffen werden.

41. Was ist eine betriebsverfassungsrechtliche Abmahnung und ist diese zulässig?

Rügt der Arbeitgeber Verhaltensweisen eines Betriebsratsmitglieds, die er als "Verstoß gegen die Pflicht zur vertrauensvollen Zusammenarbeit" bezeichnet, und droht er bei deren Wiederholung ein Ausschlussverfahren aus dem Betriebsrat an, dann handelt es sich um eine „betriebsverfassungsrechtliche" Abmahnung. Die grundsätzliche Zulässigkeit einer solchen Abmahnung ist umstritten (Fitting BetrVG § 23 Rn. 17a mwN). Ein solches, als „betriebsverfassungsrechtliche Abmahnung" bezeichnetes Schreiben, welches Verstöße gegen die Pflicht zur vertrauensvollen Zusammenarbeit rügt und bei Wiederholung ein Ausschlussverfahren aus dem Betriebsrat androht, darf jedenfalls nicht in die **Personalakte** eines Betriebsratsmitglieds aufgenommen werden (LAG Nürnberg 11.3.2021 – 1 TaBV 24/20).

Ein Betriebsratsmitglied bleibt stets auch Arbeitnehmer des Betriebs, weshalb bei Verstößen gegen seine **arbeitsvertraglichen Pflichten** der Ausspruch einer Kündigung grundsätzlich möglich ist. Klar ist jedoch auch, dass eine Abmahnung und Kündigung des Arbeitsverhältnisses aufgrund von **Amtspflichtverstößen** rechtswidrig wäre. **Amtspflichten**, vom Gesetz als gesetzliche Pflichten bezeichnet, sind die im BetrVG niedergelegten Pflichten des Betriebsrats und seiner Mitglieder, insbesondere die Beachtung der Grundsätze von Recht und Billigkeit nach § 75 BetrVG, sowie ihre Konkretisierung durch Kollektivvereinbarungen. Die Pflichtverletzung kann auch in einem pflichtwidrigen Unterlassen liegen.

Verletzen das Betriebsratsgremium oder ein Betriebsratsmitglied betriebsverfassungsrechtliche Amtspflichten, so sieht das BetrVG als Reaktionsmöglichkeit die Auflösung des Betriebsrats oder den Ausschluss des einzelnen Mitglieds aus dem Betriebsrat vor (§ 23 Abs. 1 BetrVG). Die Auflösung des Betriebsrats setzt eine Pflichtverletzung des Betriebsrats als Organ voraus, die dann vorliegt, wenn die Verletzung der Amtspflichten auf einem Mehrheitsbeschluss beruht. Verletzt dagegen ein individuelles Betriebsratsmitglied seine Amtspflichten, kann es gem. § 23 Abs. 1 BetrVG aus dem Betriebsrat ausgeschlossen werden. Verletzen alle Betriebsratsmitglieder ihre Amtspflichten, ohne dass ein Beschluss des Gremiums vorliegt, kommt nach der Rechtsprechung nur der Ausschluss aller individuellen Mitglieder, nicht aber die Auflösung des Gremiums an sich, in Betracht.

VI. Innerbetriebliche Handlungsmöglichkeiten des Betriebsrats

Betriebsratsgremien befinden sich in einem permanenten Spannungsfeld zwischen den Interessen des Arbeitgebers und der Arbeitnehmer. Umso wichtiger ist es, starke Positionen zu schaffen. Im Hinblick auf den Rückhalt in der Belegschaft muss daher eine stringente Informationspolitik der Belegschaft verfolgt werden. Zur Bekräftigung der vom Betriebsrat eingenommenen Position bieten sich daher Umfragen in der Belegschaft (LAG Sachsen 15.7.2022 – 4 TaBVGa 1/22) oder die regelmäßige Veröffentlichung eines betriebsinternen Newsletters über die im Rahmen des Aufgabenkreises des Betriebsrats vorgenommenen Tätigkeiten an (BAG 21.11.1978 – 6 ABR 85/76). Einen Überblick über „Gegenmaßnahmen" des Betriebsrats zeigt das folgende Kapitel.

42. Darf der Betriebsrat auf einer Betriebsversammlung über die Behinderung seiner Arbeit sprechen?

Ja, der Betriebsrat darf in einer Betriebsversammlung über die Behinderung seiner Arbeit sprechen. Nach § 45 S. 1 2. Hs BetrVG hat der Betriebsrat das Recht, Betriebsversammlungen einzuberufen und die Belegschaft über alle Angelegenheiten zu informieren, die die Belegschaft betreffen. Auf Betriebs-, Teil- und Abteilungsversammlungen können alle Themen behandelt werden, die den Betrieb, das Verhältnis zum Arbeitgeber oder der Arbeitnehmer untereinander betreffen. Eingeschlossen sind Themen tarif-, sozial-, umweltpolitischer und wirtschaftlicher Art sowie Fragen der Förderung der Gleichstellung von Frauen und Männern und der Vereinbarkeit von Familie und Erwerbstätigkeit sowie der Integration der im Betrieb beschäftigten ausländischen Arbeitnehmer, die den Betrieb oder seine Arbeitnehmer unmittelbar betreffen (Grundsatz der Betriebsbezogenheit). Es kann daher über den Tarifinhalt, den Stand der Tarifverhandlungen und grundsätzliche Urteile zum Tarifvertrag unterrichtet werden. Zu den sozialpolitischen Themen gehören alle normativen Maßnahmen (Gesetz, Tarifvertrag usw.), die dem Schutz und der Verbesserung der Rechtsstellung der Arbeitnehmer dienen. Hierzu gehören auch branchenbezogene Regelungen.

Das Themenrecht ist insoweit eingeschränkt, als nicht zu betrieblichen Arbeitskämpfen aufgefordert oder der Betriebsablauf bzw. -frieden beeinträchtigt werden darf (§ 74 Abs. 2 BetrVG). Die Betriebsversammlung ist das legitime Forum zur Behandlung betrieblicher Angelegenheiten; es können also auch kritische Äußerungen an betrieblichen oder persönlichen Verhältnissen geübt werden; die Grenze wird nur überschritten, wenn die Äußerungen beleidigenden oder diffamierenden Charakter haben. Dazu gehört auch die Behinderung der Betriebsratsarbeit durch den Arbeitgeber. Der Betriebsrat sollte dabei jedoch sachlich und begründet informieren, um konstruktive Lösungen zu fördern und unnötige Konflikte zu vermeiden (Schaub ArbR-HdB § 223 Betriebsversammlung Rn. 15).

43. Auf welchen anderen Wegen darf der Betriebsrat die Belegschaft über das Verhalten des Arbeitgebers informieren?

Eine Information durch den Betriebsrat in Form von Aushängen, E-Mails an alle, einer eigenen Webseite des Betriebsrats, Flugblätter etc. ist grundsätzlich erlaubt. Die Grenze bestimmt § 120 Abs. 1, Abs. 3 BetrVG. All diese Kommunikationswege können daher nur dann benutzt werden, wenn die Veröffentlichung den betrieblichen Frieden wahrt und mit sachlichem Grund erfolgt.

Der Betriebsrat hat hierbei mehrere Kommunikationsmöglichkeiten, um die Belegschaft zu informieren:

- Aushänge: In den betrieblichen Aushangkästen kann der Betriebsrat Informationen veröffentlichen.
- E-Mails: Der Betriebsrat darf E-Mails an die Beschäftigten senden.

- Flugblätter: Der Betriebsrat kann Flugblätter erstellen und in Betriebsstätten verteilen.
- Fragebogenaktionen: Der Betriebsrat darf Umfragen unter den Mitarbeitern durchführen.

44. Darf der Arbeitgeber Informationen des Betriebsrats an die Belegschaft eigenmächtig entfernen?

Nein, der Arbeitgeber darf Informationen des Betriebsrats nicht eigenmächtig entfernen. Das ergibt sich aus § 74 Abs. 2 BetrVG, wonach der Arbeitgeber die Tätigkeit des Betriebsrats zu unterstützen hat und Maßnahmen, die die Betriebsratsarbeit behindern könnten, zu unterlassen sind (GK-BetrVG/Jacobs § 74 BetrVG Rn. 150). Verboten sind Betätigungen, die zu einer Beeinträchtigung des Arbeitsablaufs oder des Betriebsfriedens führen. Sollte der Arbeitgeber der Ansicht sein, dass bestimmte Informationen unzulässig sind, müsste er zunächst den Rechtsweg beschreiten und beispielsweise eine einstweilige Verfügung erwirken.

45. Darf der Betriebsrat die Presse über die Probleme im Unternehmen informieren?

Mit dem Gebot, Konflikte möglichst innerbetrieblich auszutragen, ist es nicht vereinbar und deshalb unzulässig, die Auseinandersetzung zwischen Arbeitgeber und Betriebsrat ohne besondere Veranlassung gezielt in die Medien zu verlagern, um so auf die Arbeitgeberseite einen zusätzlichen Druck auszuüben. Unberührt bleibt selbstverständlich die Möglichkeit, bestehende Meinungsverschiedenheiten in einer sachlichen Weise auch in den Medien, zB in Interviews, darzulegen. Das gilt jedenfalls dann, wenn die zwischen Arbeitgeber und Betriebsrat umstrittene Angelegenheit bereits Gegenstand der öffentlichen Erörterung ist. Das BAG setzt allerdings zudem voraus, dass der Arbeitgeber hierzu Veranlassung gegeben hat, zB durch entspr. Verlautbarungen (BAG 18.9.1991 – 7 ABR 63/90; Fitting BetrVG § 74 Rn. 34).

Praxistipp

Grundsätzlich sollte der Betriebsrat sehr zurückhaltend sein, was die Information der Presse betrifft. Die primäre Aufgabe des Betriebsrats ist die innerbetriebliche Vertretung der Arbeitnehmerinteressen. Öffentlichkeitsarbeit ist zwar ebenfalls im Ermessensrahmen des Betriebsrats möglich, darf jedoch nicht gegen die Prinzipien des Betriebsfriedens und die Vertraulichkeit interner Angelegenheiten verstoßen.

Als Grundsatz gilt: Die Presse sollte erst eingeschaltet werden, wenn der Arbeitgeber sich an Öffentlichkeit wendet, und stets mit Blick auf die Geheimhaltungspflicht. Bevor Informationen an die Presse weitergegeben werden, sollte der Betriebsrat in Zweifelsfällen einen Anwalt kontaktieren.

46. Welche Informationen darf der Betriebsrat nicht an die Belegschaft oder Dritte weitergeben?

Oftmals wird der Betriebsrat an einer notwendigen Kommunikation mit der Belegschaft dadurch gehindert, dass der Arbeitgeber Informationen als Betriebs- und Geschäftsgeheimnis oder die Weitergabe der Information als „Störung des Betriebsfriedens“ bezeichnet. Die Schweigepflicht nach § 79 BetrVG erfasst jedoch nur echte Betriebs- und Geschäftsgeheimnisse seitens des Arbeitgebers oder vertrauliche Informationen über die Arbeitnehmer.

- **Betriebs- und Geschäftsgeheimnisse:** Ein Betriebsgeheimnis bezieht sich auf die Erreichung des Betriebszwecks, wie zB Fabrikationsverfahren oder Konstruktionen. Geschäftsgeheimnisse betreffen das „Know-how“ des Unternehmens, wie zB Kundenlisten oder Preisberechnungen. Bei Informationen, die ohnehin bekannt werden oder offenkundig sind, besteht kein berechtigtes Interesse an der Geheimhaltung. Informationen, die als Betriebs- und Geschäftsgeheimnisse gelten, dürfen nicht weitergegeben werden. Hierunter fallen alle Informationen, die dem Betriebsrat nur aufgrund seiner Funktion bekannt geworden sind bzw. die vom Arbeitgeber ausdrücklich als geheimhaltungsbedürftig bezeichnet wurden und an deren Geheimhaltung der Arbeitgeber ein berechtigtes Interesse hat, vgl. § 120 BetrVG.

- **Persönliche Verhältnisse der Arbeitnehmers:** Über persönliche Verhältnisse der Arbeitnehmer, die Betriebsratsmitgliedern im Rahmen einer personellen Maßnahme bekannt geworden sind und die ihrem Inhalt nach einer vertraulichen Behandlung bedürfen, ist Stillschweigen zu bewahren. Hierzu gehören beispielsweise Verhältnisse und Angelegenheiten der Arbeitnehmer bei Einstellungen und Kündigungen (§§ 99, 102 BetrVG) und Inhalte der Mitarbeitergespräche und Personalakten (§§ 82 Abs. 2, 83 BetrVG).
- **Informationen, die dem Betriebsfrieden schaden:** Unter Friede des Betriebs ist das störungsfreie Zusammenleben sowohl zwischen Arbeitgeber einerseits und Betriebsrat sowie den Arbeitnehmern des Betriebs andererseits als auch der Arbeitnehmer untereinander zu verstehen (Schaub ArbR-HdB/Arendt § 230 Rn. 13). Die Verbreitung von wahrheitswidrigen oder ehrverletzenden Behauptungen über den anderen Betriebspartner kann den Betriebsfrieden ebenso beeinträchtigen wie die zielgerichtete Einbindung von Dritten oder der Öffentlichkeit in den Konflikt. Es gehört grundsätzlich nicht zu den Aufgaben von Betriebsratsmitgliedern, die außerbetriebliche Öffentlichkeit über Betriebsratsinterna zu unterrichten. Weder aus den in Einzelbestimmungen des BetrVG geregelten besonderen Aufgaben noch aus der Generalklausel über die vertrauensvolle Zusammenarbeit ergibt sich eine Befugnis von Betriebsratsmitgliedern, von sich aus die außerbetriebliche Öffentlichkeit über innerbetriebliche Vorgänge zu unterrichten (Richardi BetrVG/Maschmann BetrVG § 2 Rn. 13, 14).

Durch diese Regelungen wird einerseits die Transparenz gegenüber den Arbeitnehmern gefördert, andererseits aber auch der notwendige Schutz sensibler Daten und der betriebsinterne Frieden gewahrt. Der Betriebsrat muss daher stets eine sorgfältige Abwägung treffen und gegebenenfalls rechtlichen Rat einholen.

→ *Muster 4: Schaubild Geheimhaltungspflicht des Betriebsrats*

47. Muss der Betriebsrat den Arbeitgeber vor einem Gerichtsverfahren nach § 23 Abs. 3 BetrVG zuerst abmahnen?

Der Betriebsrat kann bei groben Pflichtverstößen des Arbeitgebers beim Arbeitsgericht beantragen, dem Arbeitgeber aufzugeben, eine Handlung zu unterlassen, die Vornahme einer Handlung zu dulden oder eine Handlung vorzunehmen (Einzelheiten siehe → *Frage 51: Wie kann der Betriebsrat den Anspruch nach § 23 Abs. 3 S. 1 BetrVG geltend machen?*). Eine vorherige Abmahnung seitens des Betriebsrats ist nicht erforderlich. Bereits ein einmaliger gravierender Verstoß kann eine grobe Pflichtverletzung sein (Fitting BetrVG § 23 Rn. 62). Es bleibt die Entscheidung des Betriebsrats, bei groben Verstößen des Arbeitgebers gegen seine betriebsverfassungsrechtlichen Pflichten ein Beschlussverfahren einzuleiten oder es bei einer außergerichtlichen Abmahnung/Rüge zu belassen.

→ *Muster 5: Abmahnungsschreiben bei Pflichtverstoß des Arbeitgebers*

→ *Muster 6: Abmahnungsschreiben wegen Samstagsarbeit mit vorbereiteter Unterlassungserklärung*

VII. Gerichtliche Handlungsmöglichkeiten des Betriebsrats

Der Betriebsrat hat im Rahmen seiner Tätigkeit verschiedene Möglichkeiten, seine bestehenden Rechte und Pflichten auch durchzusetzen. Diese reichen von der Einschaltung eines Rechtsanwalts und Durchführung eines Beschlussverfahrens bis zur Stellung von Strafanträgen. Im Folgenden werden die gerichtlichen Handlungsmöglichkeiten des Betriebsrats detailliert erläutert.

48. Wie kann der Betriebsrat den Anspruch nach § 23 Abs. 3 S. 1 BetrVG geltend machen?

Der Anspruch aus § 23 Abs. 3 S. 1 BetrVG betrifft die Verletzung von Mitbestimmungsrechten des Betriebsrats und kann bei groben Pflichtverstößen des Arbeitgebers geltend gemacht werden. Der Betriebsrat muss zunächst versuchen, den Konflikt intern bzw. außergerichtlich zu lösen. Führt dies zu keinem Erfolg, kann der Betriebsrat beim Arbeitsgericht einen Antrag auf Unterlassung gem. § 23 Abs. 3 BetrVG stellen. Das Gericht kann den Arbeitgeber verpflichten, eine konkrete Handlung zu unterlassen, eine bestimmte Handlung vorzunehmen oder andere geeignete Maßnahmen zu ergreifen. In schweren Fällen kann das Gericht sogar ein Zwangsgeld gegen den Arbeitgeber verhängen. § 23 Abs. 3 BetrVG verlangt eine grobe Verletzung der betriebsverfassungsrechtlichen Pflichten. Auf ein Verschulden des Arbeitgebers kommt es dabei nicht an. Entscheidend ist allein, ob der Verstoß objektiv so erheblich war, dass unter Berücksichtigung des Gebotes zur vertrauensvollen Zusammenarbeit die Anrufung des Arbeitsgerichts durch den Betriebsrat gerechtfertigt erscheint. Die Pflichtverletzung muss objektiv erheblich und offensichtlich schwerwiegend sein.

Streitigkeiten über die Unterlassung einer Störung, Behinderung, Benachteiligung oder Begünstigung der Betriebsratstätigkeit sind im arbeitsgerichtlichen Beschlussverfahren durchzuführen. Der Erlass einer einstweiligen Verfügung ist zulässig (vgl. § 85 Abs. 2 ArbGG; Fitting BetrVG § 78 Rn. 35).

49. Wann darf der Betriebsrat einen Rechtsanwalt einschalten?

Der Betriebsrat darf einen Rechtsanwalt einschalten, wenn dies zur ordnungsgemäßen Erfüllung seiner Aufgaben erforderlich ist. Das ist insbesondere dann der Fall, wenn der Betriebsrat in rechtlichen Fragen beraten werden muss oder die rechtliche Vertretung zur Durchsetzung seiner Aufgaben notwendig ist. Die Kosten für die anwaltliche Beratung und Vertretung hat der Arbeitgeber zu tragen, sofern die Hinzuziehung des Rechtsanwalts notwendig und angemessen ist (§ 40 Abs. 1 BetrVG). Bei Anwälten, die Verfahrensbevollmächtigte des Betriebsrats im arbeitsgerichtlichen Beschlussverfahren oder vor der Einigungsstelle sind, richtet sich die Kostentragungspflicht des Arbeitgebers ausschließlich nach § 40 Abs. 1 BetrVG (BAG 26.2.1992 – 7 ABR 51/90).

Die Erforderlichkeit bemisst sich dabei nach den konkreten Umständen des Einzelfalls. In komplexen oder rechtlich strittigen Situationen wird das Hinzuziehen eines Rechtsanwalts als erforderlich angesehen. Das gilt auch, wenn es sich um die Beratung des Betriebsrats in einer konkreten Konfliktlage handelt, die eine gerichtliche Auseinandersetzung mit dem Arbeitgeber vermeiden soll (BAG 15.11.2000 – 7 ABR 24/00).

→ *Muster 7: Beschluss zur Beauftragung eines Rechtsanwalts*

Praxistipp

Zur Klärung einer komplexen Rechtsfrage und Verhinderung eines langwierigen Rechtsstreits kann der Anwalt auch ein Gutachten erstellen. Hierfür ist zu beachten: Für die Heranziehung eines Sachverständigen bedarf es einer ***Vereinbarung*** *mit dem Arbeitgeber zumindest hinsichtlich Person, Kosten und dem Thema des Gutachtens.*

Der Sachverständige muss kein Betriebsangehöriger sein und er braucht auch nicht „neutral" zu sein (BAG 26.2.1992 – 7 ABR 51/90). Hinsichtlich der **Erforderlichkeit** der Hinzuziehung eines Sachverständigen zur Bewältigung einer konkreten Aufgabe verfügt der Betriebsrat über einen Beurteilungsspielraum. Dieser ist nur eingeschränkt gerichtlich kontrollierbar (Fitting BetrVG § 80 Rn. 93). Rechtsgrundlage für die Heranziehung von Sachverständigen ist allein § 80 BetrVG. Eine entsprechende Regelung für die Heranziehung von Sachverständigen gilt für den Wirtschaftsausschuss, vgl. § 108 Abs. 2 S. 3 BetrVG (Fitting BetrVG § 80 Rn. 90). Dabei darf es allerdings nicht darum gehen, dem Betriebsrat fehlende Kenntnisse in bestimmten Angelegenheiten generell oder auf Vorrat zu vermitteln. Für den Erwerb solcher Kenntnisse verweist das Gesetz den Betriebsrat auf den Besuch von Schulungsveranstaltungen iSd § 37 Abs. 6, 7 BetrVG (BAG 11.11.2009 – 7 ABR 26/08). Die Hinzuziehung eines Sachverständigen ist dagegen erforderlich, wenn dem Betriebsrat die Sachkunde fehlt, eine ihm gesetzlich zugewiesene Aufgabe ordnungsgemäß wahrnehmen zu können. Das kommt bei schwierigen Materien in Betracht, zB bei Fragen der EDV, versicherungsmathematischen oder arbeitswissenschaftlichen Fragen, Analyse der Geschäftsberichte, Vorbereitungen für einen Interessenausgleich und Sozialplan oder bei sonstigen schwierigen Rechtsfragen (Fitting BetrVG § 80 Rn. 92).

→ *Muster 2: Übersicht Kosten und Sachaufwand des Betriebsrats*

50. Wie kann der Unterlassungsanspruch aus § 78 S. 1 BetrVG durchgesetzt werden?

Der Unterlassungsanspruch aus § 78 S. 1 BetrVG, der den Betriebsrat und seine Mitglieder vor Behinderungen und Benachteiligungen ihrer Arbeitstätigkeit schützt, kann durch eine einstweilige Verfügung durchgesetzt werden. Der Betriebsrat kann beim Arbeitsgericht einen Antrag auf Erlass einer einstweiligen Verfügung stellen, wenn akute Behinderungen oder Benachteiligungen vorliegen, die ein schnelles Handeln erfordern. Die einstweilige Verfügung führt dazu, dass der Arbeitgeber zur sofortigen Unterlassung der beanstandeten Handlung verpflichtet wird.

Der Antrag muss ein **konkretes** Verhalten zum Gegenstand haben, sonst ist er unzulässig (Fitting BetrVG § 78 Rn. 35).

51. Wie kann der Betriebsrat den Anspruch nach § 23 Abs. 3 S. 1 BetrVG geltend machen?

Das arbeitsgerichtliche **Beschlussverfahren** nach § 23 Abs. 3 1 BetrVG setzt einen **Antrag des Betriebsrats oder einer im Betrieb vertretenen Gewerkschaft** voraus. Die Einleitung eines solchen Verfahrens muss der Betriebsrat zuvor wirksam beschließen. Arbeitnehmer sind weder antragsberechtigt noch an einem solchen Verfahren zu beteiligen, auch wenn es um deren Rechte geht. Die Geltendmachung individueller Rechte der Arbeitnehmer ist dem Urteilsverfahren vorbehalten (Fitting BetrVG § 23 Rn. 68). Mit dem Antrag muss ein bestimmter Verstoß des Arbeitgebers gegen seine sich aus dem BetrVG ergebenden gesetzlichen Pflichten geltend gemacht werden. Je nach Art dieser Pflichtverletzungen lautet der Antrag, dem Arbeitgeber aufzugeben, eine bestimmte Handlung vorzunehmen oder zu unterlassen oder die Vornahme einer solchen Handlung durch Dritte zu dulden. Die Handlungen müssen genau bezeichnet werden. Es darf nicht zweifelhaft sein, welche Maßnahmen im Einzelnen betroffen sein sollen. Aus rechtsstaatlichen Gründen muss der Arbeitgeber konkret wissen, in welchen Fällen gegen ihn als Sanktion ein Ordnungsgeld verhängt werden kann, ansonsten besteht die Gefahr, dass der Antrag mangels Bestimmtheit (§ 253 Abs. 2 Nr. 2 ZPO) abgewiesen wird. An die **Bestimmtheit** dürfen aber keine überzogenen Anforderungen gestellt werden (Fitting BetrVG § 23 Rn. 71).

52. Wann darf gegen den Arbeitgeber ein Strafantrag nach § 119 Abs. 2 BetrVG gestellt werden?

Ein Strafantrag nach § 119 Abs. 2 BetrVG kann gestellt werden, wenn der Arbeitgeber oder ein Vertreter des Arbeitgebers die gesetzlichen Rechte des Betriebsrats vorsätzlich verletzt. Hierzu gehören Handlungen wie die Behinderung der Betriebsratstätigkeit, die Benachteiligung oder Begünstigung von Betriebsratsmitgliedern wegen ihrer Betriebsratstätigkeit oder die Verweigerung der Bereitstellung der notwendigen Sachmittel. Der Betriebsrat oder ein betroffenes Mitglied kann eine Strafanzeige bei der Staatsanwaltschaft stellen. Die Staatsanwaltschaft entscheidet dann, ob ein Strafverfahren eingeleitet wird.

Der Antrag ist **binnen drei Monaten** (§ 77b StGB) zu stellen. Die Frist beginnt mit dem Tag, an dem der Betriebsrat (dh mindestens der Vorsitzende des Betriebsrats), der Wahlvorstand, die Gewerkschaft, die anderen antragsberechtigten Vertreter der Arbeitnehmer oder der Unternehmer von der Handlung bzw. Unterlassung und von der Person des Täters Kenntnis erhalten hat (§ 77b Abs. 2 S. 1 StGB). Sie endet mit Ablauf des Tages des dritten Monats, der dem Tag der Kenntnisnahme entspricht (§§ 187 Abs. 1, 188 Abs. 2 BGB; Fitting BetrVG § 119 Rn. 15).

Beispiel

Der Betriebsrat hat am 1.3. von der Tat erfahren. Der letzte Tag der Frist für den Strafantrag ist dann der 1.6.

Für den Beginn der Frist kommt es auf das Ende der angezeigten Verstöße und entsprechende Kenntnis des Anzeigenden an. Dabei ist jeder Einzelvorgang isoliert zu betrachten (Fitting BetrVG § 119 Rn. 15).

→ *Muster 8: Strafantrag gegen Arbeitgeber*

53. Wer trägt die Kosten eines Gerichtsverfahrens zwischen Arbeitgeber und Betriebsrat?

Die Kosten eines Gerichtsverfahrens zwischen dem Arbeitgeber und dem Betriebsrat werden vom Arbeitgeber getragen. Dies ergibt sich aus § 40 Abs. 1 BetrVG, der vorschreibt, dass der Arbeitgeber die durch die Tätigkeit des Betriebsrats entstehenden Kosten zu übernehmen hat. Hierzu zählen auch die Kosten für gerichtliche Auseinandersetzungen. Da im Beschlussverfahren Gerichtskosten nicht anfallen, geht es allein um die außergerichtlichen Kosten des Betriebsrats. Diese müssen erforderlich sein, weshalb zB ein Parallelverfahren oder ein Musterprozess grundsätzlich abgewartet werden müssen (aber offen gelassen in BAG 18.7.2012 – 7 ABR 23/11). Die Rechtsverfolgung selbst darf nicht von Anfang an offensichtlich aussichtslos oder mutwillig sein (BAG 18.3.2015 – 7 ABR 4/13). Dies ist nicht der Fall, wenn bislang ungeklärte Rechtsfragen entscheidungserheblich sind und die Rechtsauffassung des Betriebsrat vertretbar ist (BAG 19.3.2003 – 7 ABR 15/02).

Muster

Muster 1: Übersicht Kündigungsschutz von Wahlvorstand, Wahlbewerbern und Betriebsratsmitgliedern

	Mitglied im Wahlvorstand und Wahlbewerber	**Mitglied des Betriebsrates**	**Intiatoren im Vorfeld**
Ordentliche Kündigung	Kündigungsverbot § 15 Abs. 3 KSchG • Ab Bestellung (Wahlvorstand) bzw. Aufstellung der Wählerliste (Wahlbewerber) • Bis 6 Monate nach Bekanntgabe der Wahlergebnisse (sog. nachwirkender Kündigungsschutz)	Kündigungsverbot § 15 Abs. 1 KSchG • Ab Beginn der Amtszeit (§ 21 S. 2 BetrVG) • Bis 1 Jahr über das Ende der Amtszeit hinaus (sog. nachwirkender Kündigungsschutz) • Ausnahme: Stilllegung des Betriebs bzw. der Betriebsabteilung (§ 15 Abs. 4 und 5 KSchG)	Kündigungsverbot § 15 Abs. 3b KSchG • Ab Beginn der Vorbereitungshandlungen zur Errichtung eines Betriebsrates und nach Abgabe einer öffentlich beglaubigten Erklärung, zur Absicht (§ 129 BGB). • Der Kündigungsschutz gilt von der Abgabe der Erklärung bis zum Zeitpunkt der Einladung, längstens jedoch für drei Monate
Außerordentliche Kündigung	Zustimmungserfordernis § 15 Abs. 3 KSchG, § 103 BetrVG • Ab Bestellung (Wahlvorstand) bzw. Aufstellung der Wählerliste (Wahlbewerber) • Bis zu Bekanntgabe des Wahlergebnisses (kein nachwirkender Kündigungsschutz) • Zustimmung des Betriebsratsgremiums oder Zustimmungsersetzung durch Gericht erforderlich	Zustimmungserfordernis § 15 Abs. 1 KSchG, § 103 BetrVG • Ab Beginn der Amtszeit (§ 21 S. 2 BetrVG) • Bis Ende der Amtszeit (diesbezüglich kein nachwirkender Kündigungsschutz) • Zustimmung des Betriebsratsgremiums oder Zustimmungsersetzung durch Gericht erforderlich (§ 103 BetrVG)	• Die außerordentliche Kündigung bleibt bei Vorliegen entsprechender Gründe möglich.

Muster 2: Übersicht Kosten und Sachaufwand des Betriebsrats

§ 40 Abs. 1 BetrVG Kosten des Betriebsrats	Die durch die Tätigkeit entstehenden Kosten trägt der Arbeitgeber
§ 40 Abs. 2 BetrVG Sachmittel und Büropersonal	Der Arbeitgeber muss Räume, sachliche Mittel, Informations- und Kommunikationstechnik sowie Büropersonal zur Verfügung stellen.
§ 40 Abs. 1 iVm § 37 Abs. 6 BetrVG Schulungskosten	• Der Arbeitgeber trägt die Schulungskosten (Seminargebühren, Unterkunfts- und Verpflegungskosten, Fahrtkosten). • Entgeltfortzahlung • Freizeitausgleich
§ 40 Abs. 1 iVm § 111 S. 2 BetrVG Berater bei Betriebsänderung	Die durch die Tätigkeit des Beraters entstehenden Kosten trägt der Arbeitgeber.
§ 20 Abs. 3 BetrVG Betriebsratswahl	• Die Kosten der Wahl trägt der Arbeitgeber. Es müssen Sachmittel und Büropersonal zur Verfügung gestellt werden • Entgeltfortzahlung • Freizeitausgleich
§ 76a BetrVG Einigungsstelle	Die Kosten der Einigungsstelle trägt der Arbeitgeber.
§ 80 Abs. 3 S. 1 BetrVG Sachverständige	Die durch die Tätigkeit des Sachverständigen entstehenden Kosten trägt der Arbeitgeber.
§ 37 Abs. 2 BetrVG Betriebsratstätigkeiten während der Arbeitszeit	Entgeltfortzahlung
§ 37 Abs. 3 BetrVG Betriebsratstätigkeiten außerhalb der Arbeitszeit	Freizeitausgleich

Muster 3: Überlastungsanzeige/Gefährdungsanzeige

An die Geschäftsleitung der ...... [Name des Unternehmens]

Sehr geehrte Damen und Herren,

wie Sie wissen, bin ich seit ...... in diesem Betrieb beschäftigt, zuletzt im Bereich der Abteilung ....

Unsere Abteilung ist dafür zuständig, dass die Programme für die Maschinen in der Produktion zeitlich pünktlich zur Verfügung stehen und ein ungestörter Betriebsablauf gewährleistet ist. Dies umfasst auch die Bearbeitung von Störungen.

In der Abteilung waren zunächst zwei Personen in Vollzeit beschäftigt. Durch die Tätigkeit meines Kollegen ...... im Projekt ...... musste ich alle oben beschriebenen Tätigkeiten teilweise alleine ausführen. Seit ...... wurde dieser Kollege zusätzlich, genauso wie ich, in den Betriebsrat gewählt. Durch das Betriebsratsamt bin ich zeitlich in der Woche mindestens ...... Stunden gebunden (Betriebsratssitzungen). Diese Zeit fehlt mir zur Bewältigung meiner „normalen" Arbeit. Eine Entlastung, wie nach § 37 Abs. 2 BetrVG gefordert, findet nicht statt. Durch diese besondere Konstellation, dass wir beide in den Betriebsrat gewählt wurden, gibt es für die Zeit unserer Betriebsratstätigkeit keinerlei Vertretung.

Im letzten Kalenderjahr war es mir nicht möglich, meinen Urlaub voll zu nehmen, da eine Urlaubsvertretung nicht vorhanden war. Die Lage meines Urlaubs musste aufgrund der betrieblichen Gegebenheiten mehrmals verschoben werden. Die notwendigen Schulungen für die Betriebsratsarbeit mussten ebenfalls mehrmals verschoben werden.

Für mich persönlich bedeutet die permanente Überlastung:

- Mein Arbeitszeitkonto kann ich nicht in Freizeit ausgleichen, da im Falle meiner Abwesenheit die Arbeit liegen bleibt.
- Eine Vertretung im Urlaub findet nicht statt.
- Durch die Unterbesetzung führt jeder Urlaub und jeder Freizeitausgleich zu einer zusätzlichen Belastung des jeweils verbleibenden Kollegen.

Ich fühle mich in den letzten Monaten oftmals dieser permanenten Überlastung nicht mehr gewachsen, es ist zunehmend erkennbar, dass sich daraus körperliche Belastungen/Krankheiten entwickeln.

In unserem Bereich kann durch eine Fehlprogrammierung ein erheblicher Schaden entstehen. Um eine saubere Programmierung zu gewährleisten, ist Zeitdruck bzw. die Anhäufung von Aufgaben schädlich. Deshalb habe ich Angst, dass es durch die zusätzliche Wahrnehmung meiner Betriebsratsaufgaben zu Fehlern kommt.

Aufgrund der gesetzlich geschuldeten Freistellung nach § 37 Abs. 2 BetrVG ist der Arbeitgeber verpflichtet, mich für die Betriebsratsarbeit freizustellen. Die Wahrnehmung meines Betriebsratsamtes ist aktuell wegen der bestehenden Arbeitsbelastung nicht möglich, denn sie führt zu einer unzumutbaren Mehrbelastung meines Kollegen.

Ich kann nicht mehr garantieren, meine Arbeit mit der gebotenen Sorgfalt zu erledigen. Ich übernehme daher ab Abgabe dieser Gefährdungsanzeige keine Haftung mehr und bitte dringend um notwendige Schritte, zB Entlastung durch mindestens einen weiteren Mitarbeiter. Auch fordere ich Sie auf, eine Gefährdungsbeurteilung im Sinne von § 5 ArbSchG vorzunehmen.

Ich bitte mir den Empfang dieser Überlastungsanzeige zu bestätigen und weise daraufhin, dass ein Abdruck dieser Überlastungsanzeige an den Betriebsrat/Gesundheitsmanager geht.

Mit freundlichen Grüßen

____

Unterschrift Arbeitnehmer

Muster 4: Schaubild Geheimhaltungspflicht des Betriebsrats

Wirtschaftliche Geheimnisse	**Persönliche Geheimnisse**		**Informationen, die den Betriebsfrieden stören können**
§ 79 BetrVG **Betriebs- und Geschäftsgeheimnisse** • Müssen vom Arbeitgeber als geheimhaltungsbedürftig erklärt werden. • Betriebsgeheimnis: bspw. Fabrikationsverfahren, Konstruktionen • Geschäftsgeheimnis: bspw. Kundenliste, Preisberechnung • Verschwiegenheitspflicht gilt nicht gegenüber Betriebsrat, Gesamtbetriebsrat, Konzernbetriebsrat	**§§ 99, 102 BetrVG** **Verhältnisse und Angelegenheiten der Arbeitnehmer bei Einstellungen und Kündigungen** • Betriebsrat muss entscheiden, ob es einer vertraulichen Behandlung bedarf • Verschwiegenheitspflicht gilt nicht gegenüber Betriebsrat, Gesamtbetriebsrat, Konzernbetriebsrat	**§§ 82 Abs. 2, 83 BetrVG** **Inhalte von Mitarbeitergesprächen und Personalakten** • Entbindung von der Verschwiegenheitspflicht nur durch betroffenen Arbeitnehmer möglich • Verschwiegenheitspflicht gilt nicht gegenüber Betriebsrat, Gesamtbetriebsrat, Konzernbetriebsrat	**§ 2 BetrVG** **Grundsatz der vertrauensvollen Zusammenarbeit** • Die Verbreitung von wahrheitswidrigen oder ehrverletzenden Behauptungen über dem anderen Betriebspartner kann den Betriebsfrieden ebenso beeinträchtigen wie die zielgerichtete Einbindung von Dritten oder der Öffentlichkeit in den Konflikt. • Beispiel: Information durch/ von BR-Mitgliedern der außerbetrieblichen Öffentlichkeit über Betriebsratsinterna
Folgen bei Verstoß: Geld- oder Freiheitsstraße, § 120 Abs. 1, 3 BetrVG. Es ist auch ein Verfahren gem. § 23 Abs. 1 BetrVG möglich.	**Folgen bei Verstoß**: Geld- oder Freiheitsstraße, § 120 Abs. 2, 3 BetrVG. Es ist auch ein Verfahren gem. § 23 Abs. 1 BetrVG möglich.		**Folgen bei Verstoß:** Es ist auch ein Verfahren gem. § 23 Abs. 1 BetrVG möglich

Muster 5: Abmahnungsschreiben bei Pflichtverstoß des Arbeitgebers

Sehr geehrte Damen und Herren,

am ...... haben wir die Anhörung zu der Kündigung von vier Mitarbeitern bekommen. In dem kündigungsbegründenden Sachverhalt wird ausgeführt, dass die unternehmerische Entscheidung gefasst worden sei, „künftig vermehrt Tätigkeiten im Bereich ...... extern zu vergeben."

Diese unternehmerische Entscheidung wird dazu führen, dass die betrieblichen Abläufe in Zukunft anders gestaltet werden und sich die Betriebsorganisation verändert. Dies stellt einen Fall einer Betriebsänderung im Sinne des § 111 S. 3 BetrVG dar. Auch wenn wir zum jetzigen Zeitpunkt die Schwellenwerte des § 111 BetrVG iVm § 17 KSchG nicht erreichen, hätten Sie uns diese Informationen zunächst über den Wirtschaftsausschuss im Rahmen der Informationspflichten des § 106 und 108 BetrVG zukommen lassen müssen. Hierzu gehören auch die wirtschaftlichen Kennzahlen und die Darlegung der Analyse als Hintergrund der unternehmerischen Entscheidung.

Leider ist dies nicht erfolgt, so dass dem Betriebsrats nur ein „Nachverfolgen" ihrer Entscheidung, aber keine Mitgestaltung der Entscheidung möglich ist. Dies widerspricht der gesetzlichen Verpflichtung, den Betriebsrat frühestmöglich, umfassend und unter Vorlage der entsprechenden Unterlagen zu informieren. Der Betriebsrat muss in die Lage versetzt werden, Vorschläge zur Beschäftigungssicherung gem. § 92a BetrVG zu erarbeiten und damit seiner Verpflichtung zur aktiven Mitgestaltung, Überwachung und Schutz nachzukommen.

Besonders problematisch ist dabei die Tatsache zu beurteilen, dass die Beteiligung des Betriebsrats wohl auch bei weiteren Schritten, vermehrt Tätigkeiten "outzusourcen", nicht geplant ist. Möglicherweise besteht ein Irrtum über die Intensität der zwingend zu beachtenden Mitbestimmungs-, Mitwirkungs- und Informationspflichten. Deshalb möchten wir Sie mit diesem Schreiben nochmals auf ihre Pflichten hinweisen und Sie auffordern, die Rechte des Betriebsrates in Zukunft zu beachten. Auf § 121 BetrVG weisen wir ausdrücklich hin und möchten betonen, dass wir bei weiteren gleichgelagerten Verstößen sowohl die Ordnungswidrigkeiten mit einer Ordnungswidrigkeitenanzeige nach § 121 BetrVG verfolgen, als auch ein Erkenntnisverfahren gem. § 23 Abs. 3 BetrVG einleiten werden.

Sollten noch Unklarheiten bestehen, stehen wir gerne für Rückfragen zur Verfügung.

Mit freundlichen Grüßen,

____

Unterschrift Betriebsratsvorsitzende(r)

Muster 6: Abmahnungsschreiben wegen Samstagsarbeit mit vorbereiteter Unterlassungserklärung

Betriebsrat der …… [Firmenname]

An …… [Name des Arbeitgebers]

…… [Adresse des Unternehmens]

…… [Ort, Datum]

Betreff: Aufforderung zur Unterlassung

Sehr geehrte(r) Herr/Frau ……,

der Betriebsrat hat Kenntnis davon erlangt, dass Sie für das Wochenende …… [Datum] in den Abteilungen …… Samstagsarbeit durchführen wollen und die Arbeitnehmer diesbezüglich auch schon zur freiwilligen Arbeit am Samstag aufgefordert haben. Der Betriebsrat wurde hierüber nicht informiert. Die Anordnung von Samstagsarbeit ohne vorherige Zustimmung des Betriebsrats stellt einen Verstoß gegen die notwendige Mitbestimmung nach § 87 Abs. 1 Nr. 3 BetrVG dar. Wir fordern Sie auf, den Betriebsrat ordnungsgemäß zu beteiligen und ohne Zustimmung des Betriebsrats keine Samstagsarbeit, auch nicht auf freiwilliger Basis, einzuleiten. Zur Vermeidung einer arbeitsgerichtlichen Auseinandersetzung bitten wir um Unterzeichnung und Rücksendung der beigefügten Unterlassungserklärung bis spätestens …… [Datum].

Sollten wir bis zu diesem Tage keinen Rücklauf zu verzeichnen haben, sehen wir uns gezwungen, rechtliche Schritte einzuleiten.

Mit freundlichen Grüßen,

____

Unterschrift Betriebsratsvorsitzende(r)

Anhang: Unterlassungserklärung

Sehr geehrte Damen und Herren,

hiermit verpflichtet sich die …… [Firmenbezeichnung], vertreten durch ……, gegenüber dem Betriebsrat der ……, keine Samstagsarbeit anzuordnen oder zu dulden, ohne dass hierbei das Beteiligungsverfahren nach § 87 Abs. 1 Nr. 3 BetrVG eingehalten wurde. Die …… [Firmenbezeichnung] wird für jeden Fall der Zuwiderhandlung gegen diese Verpflichtung bezogen auf jeden Tag und jede/n Arbeitnehmer/in eine Vertragsstrafe in Höhe von …… € (in Worten: …… €) an …… [zB gemeinnütziger Verein/Kindergärten/Frauenhäuser] zahlen.

Mit freundlichen Grüßen,

____

Unterschrift Arbeitgeber/Vertretungsberechtigte(r)

Muster 7: Beschluss zur Beauftragung eines Rechtsanwalts

Protokoll der Betriebsratssitzung vom ......

Anwesende: ......

Tagesordnungspunkt: Beauftragung eines Rechtsanwalts wegen Schreiben nach § 23 Abs. 3 BetrVG/ Abmahnungsschreiben[1]

Der Betriebsratsvorsitzende stellt die ordnungsgemäße Ladung der Mitglieder/Ersatzmitglieder und die Beschlussfähigkeit fest.

Der Betriebsrat hat in seiner Sitzung vom ...... beschlossen, zur Vermeidung eines gerichtlichen Verfahrens gem. § 40 BetrVG die Kanzlei ...... mit dem Verfassen eines Anschreibens an den Arbeitgeber zu folgenden Themen zu den Bedingungen des Rechtsanwaltsvergütungsgesetzes (RVG) zu beauftragen:

- Abmahnungsschreiben Pflichtenverstoß des Arbeitgebers nach § 23 Abs. 3 BetrVG

- ......

Abstimmung:

Ja: ......

Nein: ......

Enthaltung ......

____

Unterschrift Betriebsratsvorsitzende(r)

Anmerkungen

1 Die Beauftragung des Rechtsanwalts erfolgt in diesem Fall zur Vermeidung eines arbeitsgerichtlichen Beschlussverfahrens. Die Verpflichtung zur Kostenübernahme für den Arbeitgeber ergibt sich aus § 40 BetrVG.

Muster 8: Strafantrag gegen Arbeitgeber

Betriebsrat der ...... [Firmenname][1]

...... [Adresse]

An die Staatsanwaltschaft ...... [Ort]

...... [Adresse]

...... [Ort, Datum]

Strafantrag

des Betriebsrats der ...... [Firmenname, Adresse], vertreten durch den Betriebsratsvorsitzenden ...... [Name, Adresse]

gegen

1. das Unternehmen ...... [Firmenname, Adresse]

2. den Geschäftsführer der ...... [Firmenname, Name und Adresse des Geschäftsführers]

wegen

des Vorwurfs der vorsätzlichen begangenen Behinderung bzw. Störung der Tätigkeit des Betriebsrats gem. § 119 Abs. 1 Nr. 2 BetrVG.

Sehr geehrte Damen und Herren,

der Betriebsrat der Firma ...... in ......, vertreten durch den Betriebsratsvorsitzenden ......, stellt hiermit Strafantrag gegen den Geschäftsführer der genannten Firma, Herrn ......, [Name und ladungsfähige Anschrift] gemäß § 119 BetrVG.

Der Arbeitgeber ...... hat durch ...... [konkrete Beschreibung des Verhaltens] die Arbeit des Betriebsrats erheblich behindert.

Am ...... fand die zweite ordentliche Betriebsversammlung der ...... statt. Auf der Betriebsversammlung erklärte der Geschäftsführer Herr ......, dass er es satt habe, mit dem Betriebsrat zu verhandeln. Das sei sinnlos und der Standort allein durch die hohen, durch die „Nichtarbeit" des Betriebsrats entstehenden Kosten unrentabel. Allein im letzten Jahr habe der Betriebsrat Kosten in Höhe von ...... verursacht. Er fordere die Belegschaft auf, ihn bei der Rettung des Standorts zu unterstützten. Dies würde nur ohne diesen Betriebsrat gehen, der nur „zurücktreten könne".

Beweis: Zeugnis der Mitarbeiter ...... [Namen und ladungsfähige Anschrift]

Dem Geschäftsführer war bewusst, dass seine Äußerung von allen anwesenden Mitarbeitern gehört wurde. Offensichtlich wollte er den Betriebsrat als unfähig darstellen. So sollte dahingehend Druck auf den Betriebsrat aufgebaut werden, sich in Zukunft bei der Ausübung seiner Mitbestimmung zurückhaltend und für das Unternehmen wirtschaftlich günstig zu zeigen. Der Betriebsrat sieht sich dadurch in der Erfüllung seiner gesetzlichen Aufgaben erheblich behindert und gestört.

Dies stellt einen Verstoß gegen die gesetzlichen Pflichten dar. Aufgrund der beschriebenen Vorfälle sieht sich der Betriebsrat veranlasst, Strafantrag zu stellen.

Der Betriebsrat hat deshalb in seiner Sitzung vom ...... beschlossen, gegen die Beschuldigten zu 1. und zu 2. einen Strafantrag nach § 119 BetrVG zu stellen. Die Stellung des Strafantrags wurde in der Betriebsratssitzung vom ...... mit einer Mehrheit von ...... Stimmen beschlossen. Eine Abschrift des Sitzungsprotokolls liegt diesem Schreiben als Anlage bei.

Beweis: Betriebsratsbeschluss gem. Protokoll vom ......

Zum Nachweis fügen wir diesem Schreiben entsprechende Belege und Protokolle bei.

Wir bitten um Aufnahme der Ermittlungen und die Einleitung der notwendigen rechtlichen Schritte.

Mit freundlichen Grüßen,

____

Unterschrift Betriebsratsvorsitzende(r)

Anmerkungen:

1 Antragsberechtigt sind der Betriebsrat, die anderen in § 119 Abs. 2 BetrVG genannten Vertreter der Arbeitnehmer, die im Betrieb vertretenen Gewerkschaften, der Wahlvorstand und der Unternehmer, nicht dagegen die Arbeitnehmer oder ein einzelnes Betriebsratsmitglied (Fitting BetrVG § 119 Rn. 13).